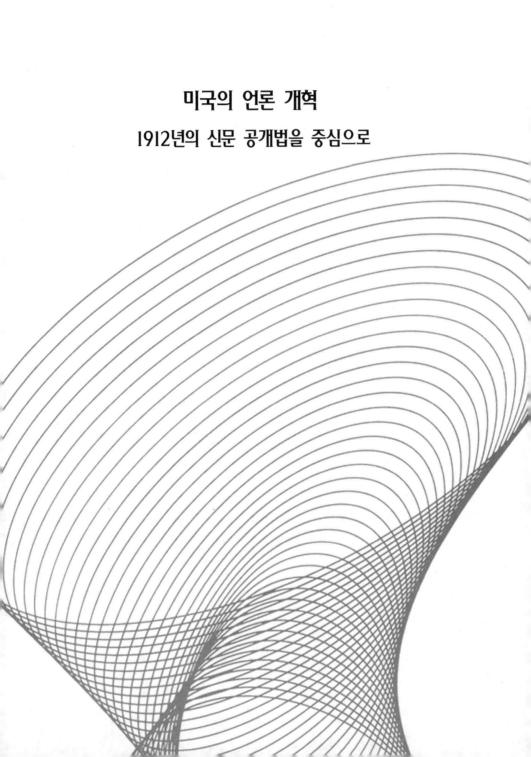

미국의 언론 개혁

1912년의 신문 공개법을 중심으로

일러두기

- 한글 표기를 원칙으로 하되, 필요에 따라 외국어와 한자를 병기하였다.
- 한글 맞춤법은 '한글 맞춤법' 및 '표준어 규정'(1988), '표준어 모음'(1990)을 적용하였으나 혼란이 있는 경우는 출판사의 원칙을 따랐다.
- 외래어의 우리말 표기는 개정된 '외래어 표기법'(1986)을 원칙으로 하되, 그 중 일부는 현지 발음에 따랐다.
- 사용된 기호는 다음과 같다.

  신문, 잡지 등:〈 〉

  책이름:《 》

미국의 언론 개혁

1912년의 신문 공개법을 중심으로

한나래

미국의 언론 개혁: 1912년의 신문 공개법을 중심으로

지은이 / 채백
펴낸이 / 한기철
편집장 / 이리라 · 편집 / 이소영, 신소영 · 디자인 / 김민정

2001년 11월 20일 1판 1쇄 박음
2001년 11월 30일 1판 1쇄 펴냄

펴낸 곳 / 도서 출판 한나래
등록 / 1991. 2. 25. 제22 - 80호
주소 / 서울시 마포구 신수동 448 - 6
전화 / 02) 701 - 7385 · 팩스 / 02) 701 - 8475 · e - mail / hanbook@chollian.net
www.hannarae.net

필름 출력 / DTP HOUSE · 인쇄 / 상지사 · 제책 / 성용제책
공급처 / 한국출판협동조합 [전화: 02) 716 - 5616 · 팩스: 02) 716 - 2995]

© 채백, 2001
Published by Hannarae Publishing Co.
Printed in Seoul.

미국의 언론 개혁: 1912년의 신문 공개법을 중심으로 / 채백 지음.
서울: 한나래, 2001.
208p.: 22.5cm (한나래 언론 문화 총서, 37)

KDC: 074.2
DDC: 071.3
ISBN: 89 - 5566 - 002 - 2 94330

1. Government and the press — United States.　2. Press and politics — United State.
3. United States — politics and goverment.　I. 채백

＊이 책은 SBS 문화 재단의 방송인 저술 지원 기금으로 출판되었습니다.

차례

3 20세기 초 미국의 언론 상황

머리말

올 초부터 우리 사회를 뜨겁게 달구었던 주요 화두 가운데 하나는 '언론 개혁'이다. 이 화두를 둘러싸고 각계의 의견이 엇갈리면서 여러 층위의 대립이 치열하게 전개되었다. 정부와 언론의 대립에서 비롯된 것이 신문과 방송의 대립, 신문과 신문의 대립, 신문과 시민 단체, 그리고 시민 단체 간의 대립으로 번지더니 급기야는 사회 전체가 이를 기화로 편가르기 하는 양상까지 보여 주었다. 각 언론 매체는 지면을 통해 안팎의 쟁쟁한 논객들을 동원하여 치열한 논전을 펼치는가 하면 인터넷의 사이버 공간에서도 수많은 네티즌들이 참여하여 격렬한 공방을 펼쳤다.

그만큼 언론 개혁은 우리에게 결코 사소할 수 없으면서도 쉽지 않은 문제임을 말해 준다. 이 책은 이러한 우리의 시대적 과제 해결에 조금이라도 도움이 되었으면 하는 바람에서 씌어졌다. 지금의 우리와 매우 흡사한 대립과 논쟁이 20세기 초 미국에서 전개되었던 것이다. 부패한 상업 언론을 개혁하고자 연방 정부가 나서서 신문 공개법을 제정하였다. 이를 둘러싸고 언론 자유에 대한 침해라며 언론계가 반발한 것을 기화로 정부, 언론, 광고주 등의 의견이 엇갈리면서 급기야는 법정 싸움으로까지 번졌다. 이러한 과정을 계기로 미국 언론은 상업화 초기의 어지러운 시장 질서를 서서히 바로잡아 나갈 수 있었다.

여러 가지 면에서 미국의 이러한 경험은 지금의 우리에게 적지 않은 교훈이 될 것으로 생각한다. 하지만 책을 내면서 여러 가지로 여간 조심스러운 게 아니다. 책을 낼 때마다 항상 느끼는 것이기는 하지만 미국의 언론사를 다룬 이 책을 내면서 그 어느 때보다도 더 큰 두려움을 느낀다. 이는 무엇보다도 나 자신이 잘 모르는 분야를 다루었기 때문이다. 나는 그 동안 주로 한국의 근대 언론사에 대해 공부해 왔다. 미국의 사정에 대해서는 거의 무지한 상태였다. 따라서 이 책은 일종의 외도라고도 할 수 있다.

이런 사정에도 불구하고 내가 주제넘게도 미국의 언론사를 다룬 책을 낼 생각을 할 수 있게 된 것은 지난 한 해 동안 교환 교수로 미국의 위스콘신 대학에서 재충전의 시간을 가질 수 있었기 때문이다. 이 책은 지난 1년 동안 미국 위스콘신 대학의 도서관을 뒤지면서 자료를 찾고 연구한 결과라고 할 수 있다. 그러던 차에 언론 개혁 문제가 뜨거운 쟁점으로 떠올랐고, 언론 분야 전공자로서 이러한 상황을 외면하고만 있을 수는 없다는 생각이 절실하게 들었다. 이 과제를 해결하는 데 무언가 조금이라도 보탬이 될 일이 있다면 해야 한다는 생각이 든 것이다. 그리하여 책을 내겠다는 분에 넘치는 과욕을 부리게 되었다.

　사실 내가 19세기 말과 20세기 초 미국 언론에 관심을 갖기 시작한 것은 몇 해 전으로 거슬러 올라간다. 미국 언론학회 언론사분과가 발행하는 저널인 〈저널리즘 히스토리 *Journalism History*〉에 실린 서평을 보고 워싱턴 주립 대학의 제럴드 볼테스티 Gerald Baldasty 교수가 쓴 《19세기 뉴스의 상업화 *The Commercialization of News in the 19th Century*》라는 책을 구해서 읽게 되었다. 제목 그대로 19세기 중반부터 미국의 언론이 상업화되면서 야기된 여러 가지 변화들을 체계적으로 분석 및 정리한 책이다.

　이 책을 통해 나는 19세기 말 미국 언론에서도 기자들이 취재원으로부터 돈을 받고 기사를 써 주는 촌지가 성행했다는 사실을 처음으로 알게 되었다. 그 동안 우리 사회에서 언론 촌지 문제가 제기될 때마다 여러 논자들이 이는 우리 사회에서만 나타나는 독특한 병폐 현상이라고 말해 왔다. 그런데 미국에서도 이러한 현상이 있었다는 사실은 굉장히 흥미를 돋우는 일이었다. 그러나 아쉽게도 볼데스티 교수의 책에는 미국 사회가 이러한 병폐를 어떻게 극복했는지에 대해서는 전혀 언급이 없었다. 우리의 입장에서 진짜로 필요한 정보가 빠져 있었던 것이다.

그래서 나는 볼데스티 교수에게 이메일을 띄웠다. 미국 사회가 이러한 언론의 부조리를 어떻게 극복했는지에 관심이 있는데 참조할 만한 문헌이 있으면 추천해 달라는 내용이었다. 볼데스티는 친절하고도 신속하게 응답해 주면서 나에게 미국 인디애나 대학에 재직 중인 린다 로슨Linda Lawson 교수가 쓴《언론의 진실 Truth in Publishing》이라는 책을 추천해 주었다. 이 책을 바탕으로 나는 지난 1년 동안 당시의 신문과 잡지 등 관련 자료들을 찾으면서 정리할 시간을 가질 수 있었다.

　　로슨의 책이 없었다면 이 책도 불가능했을 것이다. 그만큼 이 책은 로슨의 책으로부터 많은 도움을 받았다. 이 주제와 관련된 문헌들을 찾아보면서 느낀 점 가운데 하나는 19세기 말과 20세기 초 미국 언론의 부정적인 모습에 대해 미국의 언론학계에서도 이상할 정도로 연구 성과가 많지 않다는 점이다. 19세기 말과 20세기 초 미국의 언론 하면 그 동안 폭로 저널리즘, 황색 저널리즘 등의 측면이 빠짐없이 거론되었다. 하지만 당시 미국 언론이 상업화의 부작용으로 인하여 부정적인 모습을 보여 주었던 측면은 제대로 언급되지 않았다. 로슨도 자신의 작업을 평하여 20세기 초 미국 언론의 '교과서적인 이미지의 이면의 모습'을 규명해 보려 한다고 표현한 바 있다(Lawson, 1993:4).

지금 우리 언론계에서도 일제기 언론의 행태를 둘러싸고 친일이냐 아니냐 하는 논쟁이 벌어지고 있듯이 미국 언론 역시 자신들의 부끄러운 모습을 들추는 것을 금기시해 왔던 게 아닌가 짐작해 볼 수 있다. 잘 알려진 대로 미국의 역사가 서부 개척 시대를 논하면서 오랫동안 원주민인 인디언들의 엄청난 희생과 피해에 대해서는 철저하게 외면해 왔던 것과도 같은 맥락이 아닐까 생각해 본다.

이처럼 관련 연구가 부족한 상황이었기에 불가피하게 로슨의 책에 많이 의존하게 되었던 것이다. 지면을 통해서나마 린다 로슨 교수와 제럴드 볼데스티 교수에게 감사의 말을 드린다. 나를 미국에 초청하여 새로운 경험을 할 수 있게 배려해 주고 체제 기간 동안 여러 가지로 도움을 준 위스콘신 대학 저널리즘 스쿨의 제임스 보프맨 James Boughman 교수에게도 감사 드린다. 또한 관련 자료를 손수 찾아 건네 주시면서 여러 가지 조언을 해 주신 애리조나 대학의 염규호 교수님께도 깊은 감사의 말씀을 전하고 싶다. 미국 체류 기간 동안 자료 수집을 도와 준 위스콘신 대학 저널리즘 스쿨 박사 과정의 윤소향에게도 이 자리를 빌려 고마움을 표하고 싶다.

상업성도 없는 이 책이 출판될 수 있게 된 것은 바로 SBS 문화 재단의 방송인 저술 지원이 있었기 때문이다. SBS 문화 재단의 관계자 여러분과 책의 출판을 맡아 준 한나래 출판사 편집진에게도 감사 드린다. 이분들의 도움이 없었다면 이 책은 햇빛을 보기 어려웠을 것이다.

여러 가지로 부족함에도 불구하고 감히 이 책을 출판하기로 결심하게 된 것은 앞에서도 언급한 바와 같이 현재 우리 사회의 언론 개혁이라는 과제 해결에 조금이라도 도움이 되었으면 하는 바람에서다. 우리 사회가 이 중차대한 과제를 해결해 가는 데 조금이라도 도움이 될 수 있다면 더 이상 바랄 것이 없다. 독자 여러분의 애정어린 비판과 충고를 기대해 본다.

2001년 11월
지은이

19세기 말 미국의 황색 저널리즘을 통렬하게 풍자하고 있는 〈라이프〉(1898) 지의 만평.

1장　　한국의 언론 개혁과 미국

1. 언론 개혁의 딜레마

우리는 지금 도덕적·정치적·물질적으로 파멸지경에 이른 이 나라의 한복판에 모여 있습니다. 부패는 투표함과 각급 지방 의회와 국회 등을 휩쓸어 어느 곳 하나 성한 곳이 없으며, 심지어는 법정에도 그 손이 뻗쳐 있습니다. 인민은 낙담하고 있습니다. **신문들은 보조금에 의존하여 입에는 재갈이 물려 있으니 여론을 잠재울 뿐입니다.** 수백만 인민의 땀으로 거둔 과실은 소수인이 자신들의 거대한 부를 축적하기 위하여 대담하게 도둑질해 가고 있습니다. 정부의 불법 부정이라는 하나의 같은 모태에서 두 개의 거대한 계급, 즉 맨발의 실향민과 한 줌의 억만 장자들이 함께 출산되고 있는 것입니다(데이비스, 1992: 278, 강조는 인용자).

이는 1892년 미국의 노동 운동과 농민 운동 세력이 연합하여 인민당을 출범시키면서 작성한 강령의 한 부분이다. 산업화의 그늘에서 신음하던 소외 계층은 자신들의 입장을 대변해 줄 인민당을 출범시키면서 이 강령을 통해 19세기 말 미국 사회를 준엄하게 고발한 것이다. 정치권에서 시작된 부정 부패가 사회 전체를 오염시키는 가운데 빈부 격차가 심화되면서 일반 국민들은 고통 속에 신음하고 있다는 내용이다.

이 내용 가운데 우리의 눈길을 끄는 것은 바로 언론에 관한 언급이다. 온갖 부정 부패가 만연된 사회에서 신문들마저 돈에 의해 좌우됨으로써 재갈이 물려져 제 기능을 다하기는커녕 오히려 여론을 잠재울 뿐이라고 상업화된 언론에 대해 호되게 질책하고 있다. 19세기 말 미국의 노동자, 농민들로부터 질타당했던 언론의 모습이 지금의 우리에게도 전혀 낯설지 않게 느껴진다.

지금 우리 사회는 언론 개혁이라는 뜨거운 감자가 사회적 쟁점이 되고 있다. 지난 100여 년 동안의 우리 언론 역사에서 언론에 대한 국민들의 불만과 비판은 비단 어제 오늘의 일이 아니다. 수용자인 시민들이 언론을 비판하는 것은 전혀 새삼스러울 것이 없다.

그러나 언론에 대한 비판이 요즘처럼 구체성을 띠고 사회적인 쟁점으로 부상한 적은 일찍이 없었다. 지난 1980년대 후반부터 언론에 대한 개혁 요구가 제기되기 시작한 이후 시민 운동을 통해 사회적인 공감대를 넓혀 가면서 구체적으로 문제 제기가 되고 있는 것이다. 특히, 2001년 연두 기자 회견에서 대통령이 언론 개혁에 대해 언급하자 방송이 이 주제를 몇 차례 다루더니 언론사에 대한 세무 조사가 이어지고, 공정 거래 위원회가 나서 신문 고시가 부활되었으며, 지난

3월 초부터 〈한겨레〉는 언론 개혁에 대한 기획 연재를 통해 주요 일간지들을 공개적으로 비판하였다. 이러한 움직임들에 대해 야당과 주요 일간지들은 언론에 대한 통제라며 강력히 반발하였다.

급기야는 언론사 세무 조사 결과가 발표되고 이를 토대로 정치 권력이 언론의 탈세에 대해 수백 억에 달하는 추징금을 매기는가 하면, 언론 사주들을 구속하는 사태로까지 번지고 있다. 이를 기화로 우리 사회가 언론 개혁이냐 언론 탄압이냐 하는 문제를 둘러싸고 진영이 갈리면서 여러 매체를 동원한 설전과 논쟁이 벌어지는가 하면 다른 한편에서는 이러한 편가르기를 우려하는 목소리들도 터져 나오고 있다.

언론 개혁은 그리 간단한 문제가 아니다. 그 개혁 대상인 언론사가 이미 우리 사회에서 막강한 권력을 휘두르는 권력체로 부상했다는 점이 무엇보다도 언론을 개혁하는 데 가장 큰 걸림돌일 것이다. 우리 사회에서 사람들 사이에 회자되고 있는 이른바 '밤의 대통령'이라는 표현이 권력체로서의 언론을 집약적으로 나타내 준다. 해방 이후 오랫동안 한국의 언론은 권력에 타협하는 대신 권력이 제공하는 여러 가지 혜택 속에 성장하면서 막강한 권력을 휘두르는 권력체가 되어 버린 것이다.

그렇기 때문에 언론 개혁의 문제는 고양이 목에 방울 달기와 같은 형국이 되었다. 대다수의 사람들이 언론에 문제가 있는 것을 인지하고 이를 개혁해야 한다는 데 공감한다 하더라도 이를 누가 어떻게 하느냐가 쉽지 않은 문제인 것이다. 그 방법 면에서 몇 가지를 생각해 볼 수 있다.

먼저 언론사들 스스로가 개혁하는 방안이다. 물론 이것이 가장 이상적인 방법이다. 그러나 앞에서 지적한 것처럼 현재 기득권을 누리고 있는 언론이 스스로 개혁하기를 기대하기는 현실적으로 어렵다. 스스로 개혁하려 할 때는 개혁을 통해 더 큰 반대 급부를 가질 수 있기를 기대하기 때문이다. 그러나 현재 막강한 권력을 누리고 있는 언론으로서는 굳이 현상을 타파하고 개혁에 나설 필요가 없다고 보는 것이 현실적이다. 물론 전반적인 신문 산업의 위기감 속에서 자율적인 개혁 노력이 전혀 없는 것은 아니지만 외부의 기대와는 상당한 거리가 있는 것 같다.

　　다음으로는 정치 권력이 언론 개혁을 주도하는 방안이다. 현재까지 우리 사회는 이 방식을 취하고 있다. 그러나 정치 권력이 언론 개혁을 주도한다는 것도 바람직하다고 보기는 어렵다. 이는 곧 언론 통제의 외양을 띠게 되기 때문이다. 지금 우리 사회에서 벌어지고 있는 양상이 바로 이것이다.

　　현실적으로 언론에 개혁의 칼을 댈 수 있는 것은 정치 권력밖에 없다고 해도 과언이 아니다. 그러나 정치 권력이 가지고 있는 지상의 목표는 권력의 유지 및 강화와 재생산이다. 이러한 맥락에서 모든 정치적 행위가 이루어진다고 보아도 무방할 것이다. 그러다 보니 부패한 언론을 개혁한다고 표방하더라도 언론을 탄압하여 권력을 강화하려 한다는 비난을 면하기 어렵다. 더욱이 한국 사회처럼 오랫동안 군부 독재 치하에서 정치 권력이 언론을 억압했던 역사적 경험과 이로 인한 콤플렉스를 가지고 있는 경우 이러한 비난에 더욱더 민감할 수밖에 없다.

　　다음으로 생각해 볼 수 있는 언론 개혁의 주체는 시민 사회다. 시민 사회가 압력을 가해 개혁을 시도하는 방법이다. 그 동안 한국 사회의 시민 사회도 많이 성장한 것이 사실이다. 시민 단체를 중심으로 한 언론 운동도 제법 활기를 띠고 있다. 최근 우리 정부가 그나마 공룡과도 같은 언론을 상대로 일전을 감행할 수 있는 것도 어찌 보면 그 동안 시민 단체들이 꾸준히 문제 제기를 해 온 덕분이라고도 할 수 있다. 다시 말해 시민 단체들의 활동이 정부를 자극하기도 하였고, 다른 한편으로는 정부로 하여금 언론을 상대로 칼을 뽑아도 어느 정도는 여론의 지지를 받을 수 있다는 계산을 가능케 했다는 말이다.

그러나 우리 사회에서 시민 사회가 언론 개혁의 주체가 되기를 기대하기에는 아직 힘이 너무 미약할 뿐만 아니라 갈 길도 멀어 보인다. 특히 최근 들어 중앙 정부나 지방 자치 단체들이 시민 단체에 재정적 지원을 함으로써 재정난에 시달리던 시민 단체들이 금전적 도움을 얻기는 하였지만, 이로 인하여 시민 단체의 순수성에 훼손이 간 것이 사실이다. 이 때문에 정권의 '홍위병'이라는 소리(〈동아일보〉, 2001. 7. 9.)를 듣는 지경까지 되었다.

2. 한국의 언론 개혁과 미국

이 책은 이처럼 사회적으로 주요 쟁점이 되면서도 쉽게 해결책을 찾지 못하는 언론 개혁의 문제를 역사적인 고찰을 통해 시사를 얻어 보려는 데에 목적을 둔다. 구체적으로는 20세기 초 미국에서 신문 공개법이라는 연방 입법을 통해 언론 상업화의 폐해를 바로잡고 시장 질서를 바로잡아 나가는 이른바 언론 개혁의 과정을 사례 분석해 봄으로써 우리의 해법을 찾는 데 도움을 얻고자 하는 것이다.

뒤에서 다시 얘기하겠지만 19세기 말과 20세기 초의 미국 언론은 19세기 중반부터 시작된 상업화의 부작용이 심화되어 부패와 부조리가 만연했다. 당시 미국 언론의 부정적 측면은 최근 한국의 언론 개혁에서 거론되는 문제점들과 흡사한 양상을 보여 준다. 따라서 이러한 난맥상을 미국 사회가 어떻게 극복하고 시장 질서를 확립했는지를 고찰해 보는 사례 연구는 우리의 언론 개혁에 중요한 교훈이 될 수 있을 것으로 생각한다.

그 동안 우리 학계에서는 미국 언론의 역사에 대해서는 거의 연구가 이루어지지 못했다. 기존의 미국 언론사 연구는 임근수(1967)나 이상철(1982), 차배근(1983)의 연구와 같이 몇 개의 통사 연구만이 존재할 뿐이다. 이들 통사 연구에서도 19세기 말과 20세기 초의 미국 언론은 뉴 저널리즘이나 황색 저널리즘에 관해서만 언급될 뿐 당시 미국 언론의 상업화로 인한 문제점이나 그 극복에 관련된 논의는 없었다. 미국 언론사의 사례를 분석한 이 책은 이러한 학문적 맥락에서도 그 의의를 찾을 수 있을 것이다.

미국의 언론사 연구를 살펴보아도 19세기 말과 20세기 초의 언론사에 대해서는 대다수의 미디어 역사학자들이 당시의 언론을 개혁 세력과 연대하여 사회악을 일소하기에 진력한 십자군으로 묘사하고 있다(예컨대, Emery & Emery, 1988 등 참조). 이른바 폭로 저널리즘이 그것이다.

이 책에서는 이러한 이미지의 이면에 존재했던 20세기 초 미국 언론의 또 다른 모습을 분석해 보려고 한다. 이윤을 추구하는 하나의 기업으로서, 이윤을 위해서라면 수단과 방법을 가리지 않았기 때문에 빚어지는 폐해 때문에 개혁이라는 도마 위에 올랐던 미국 언론의 모습을 고찰해 봄으로써 타산지석의 교훈으로 삼아 보고자 하는 것이 이 책의 목적이다.

역사학에서 역사의 효용을 잘 나태내 주는 말로 "길을 잃으면 내가 어디 있는가를 묻지 말고 남들이 어디 있는가를 물어라"는 말이 있다(박성수, 1988: 2). 난관에 봉착해서 방향을 모색하기 어려울 때, '내가 어디 있는가'라는 문제에 매달려서는 미궁을 빠져 나오기 어렵다. 오히려 남들이 어디에 있으며 어디로 가고 있는가를 찾아보는 것이 우리가 나아갈 방향을 찾는 데 더욱 효과적이라는 말이다. 이러한 맥락에서 외국의 역사적 사례나 경험은 우리에게 소중한 타산지석이 될 수 있다.

이 책은 5개의 장으로 구성되어 있다. 2장에서는 20세기 초 미국에서 언론 개혁이 이루어진 역사적 배경으로서 당시의 사회 상황을 분석해 보고자 한다. 3장에서는 전반적인 산업화 과정에서 미국 언론도 상업화되면서 그 부작용과 폐해가 심화되었던 측면을 살펴보려고 한다. 미국 언론 상업화의 폐해를 소유권의 은폐와 위장 광고, 발행 부수 속이기의 측면으로 나누어 당시 언론의 현황을 분석해 볼 것이다.

4장에서는 20세기 초 사회 제반 부문에서 개혁이라는 과제가 부상했던 당시 미국의 상황 속에서, 언론 부문에서도 신문 공개법이라는 법을 제정함으로써 상업화의 폐해를 시정하고 시장 질서를 바로잡아 나가는 과정을 분석해 보려고 한다. 이 과정에서 정치권과 언론이 어떻게 대응해 가면서 신문 공개법이 정착할 수 있었는지를 밝혀 보려는 것이다. 마지막 5장에서는 신문 공개법을 통해 언론 시장의 질서를 바로잡으려 했던 미국 사회의 시도를 역사적으로 어떻게 평가할 수 있는지 정리해 보려 한다.

EDITION FOR GREATER NEW YORK

NEW YORK JOURNAL
AND ADVERTISER.

NO. 4,572.   NEW YORK, THURSDAY, FEBRUARY 17, 1898.—16 PAGES.   PRICE ONE CENT

DESTRUCTION OF THE WAR SHIP MAINE WAS THE WORK OF AN ENEMY.

$50,000!

$50,000 REWARD!
For the Detection of the Perpetrator of the Maine Outrage!

The New York Journal gives a reward of $50,000 CASH for information FURNISHED TO IT EXCLUSIVELY, which will lead to the detection and conviction of the person, persons or government criminally responsible for the explosion.

The $50,000 CASH offered for the above information is on deposit with Wells, Fargo & Co.

No one is barred for the trouble but some one reason why it is not advisable merely to giving any, any, or the absence of a government secret service looking by any unlink reason, to prevent the start simply on simple reasoning—one can.

This also has been called to Europe and will be made public in every capital, if the Cincinnati and its London run provides.

The Journal believes that any man who can be bought to commit murder can also be bought to betray his murder. FOR THE PERPETRATOR OF THIS OUTRAGE HAD ACCOMPLICES.

W. R. HEARST

Assistant Secretary Roosevelt Convinced the Explosion of the War Ship Was Not an Accident.

The Journal Offers $50,000 Reward for the Conviction of the Criminals Who Sent 258 American Sailors to Their Death. Naval Officers Unanimous That the Ship Was Destroyed on Purpose.

$50,000!

$50,000 REWARD!
For the Detection of the Perpetrator of the Maine Outrage!

The New York Journal gives a reward of $50,000 CASH for information FURNISHED TO IT EXCLUSIVELY, which will lead to the detection and conviction of the person, persons or government criminally responsible for the explosion which resulted in the destruction, in Havana, of the United States war ship Maine and the loss of 258 lives of American sailors.

The $50,000 CASH offered for the above information is on deposit with Wells, Fargo & Co.

No one is barred, be he the humblest, but unknelled, seaman doing out a few miserable dollars by serving on a ship or the attache of a government secret service, plotting by any devilish option, to revenge his comrade or cripple some-ing condition.

This offer has been cabled to Europe and will be made public in every capital of the Continent and in London too provided.

The Journal believes that any man who can be bought to commit murder can also be bought to betray his comrade. FOR THE PERPETRATOR OF THIS OUTRAGE HAD ACCOMPLICES.

W. R. HEARST

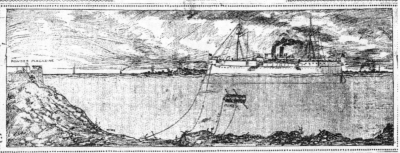

NAVAL OFFICERS THINK THE MAINE WAS DESTROYED BY A SPANISH MINE.

Hidden Mine or a Sunken Torpedo Believed to Have Been the Weapon Used Against the American Man-of-War---Officers and Men Tell Thrilling Stories of Being Blown Into the Air Amid a Mass of Shattered Steel and Exploding Shells---Survivors Brought to Key West Scout the Idea of Accident---Spanish Officials Protest Too Much---Our Cabinet Orders a Searching Inquiry---Journal Sends Divers to Havana to Report Upon the Condition of the Wreck.

Was the Vessel Anchored Over a Mine?

BY CAPTAIN E. L. ZALINSKI, U.S.A.

(Captain Zalinski is the inventor of the famous dynamite gun, which would be the principal factor in our coast defence in case of war.)

Assistant Secretary of the Navy Theodore Roosevelt says he is convinced that the destruction of the Maine in Havana Harbor was not an accident. The Journal offers a reward of $50,000 for exclusive evidence that will convict the person, persons or Government criminally responsible for the destruction of the American battle ship and the death of 258 of its crew.

The suspicion that the Maine was deliberately blown up grows stronger every hour. Not a single fact to the contrary has been produced.

Captain Sigsbee, of the Maine, and Consul-General Lee both urge that public opinion be suspended until they have completed their investigation. They are taking the course of tactful men who are convinced that there has been treachery.

Washington reports very late that Captain Sigsbee had feared some such event as a hidden mine. The English cipher code was used all day yesterday by the naval officers in cabling instead of the usual American code.

미서 전쟁의 분위기를 촉발하는 계기가 되었던 허스트의 〈뉴욕 저널〉(1898. 2. 17)의 보도.

미 군함의 침몰이 적의 소행이라고 단정하고 있다.

2장 20세기 초 미국의 정치 경제적 상황

1. 남북 전쟁 이후의 급속한 산업화

1) 산업 혁명의 출발

미국의 산업 혁명은 남북 전쟁 전부터 시작되었던 것으로 평가된다. 18세기 말 뉴잉글랜드 지방을 중심으로 수력을 이용한 섬유 공업이 일어난 데서 그 계기가 마련되었다고 할 수 있다. 1790년 영국에서 이주한 새뮤얼 슬레이터 Samuel Slater가 로드 아일랜드 주에 수력을 동력으로 하는 소규모 방적 공장을 설립하였다. 이어서 1793년에는 역시 영국에서 이주한 스코필드 형제 John & Arthur Scofield가 매사추세츠 주에 최초의 모직물 공장을 설립하였다. 그 뒤 수자원과 노동력을 풍부하게 소유하고 있는 뉴잉글랜드 지방을 중심으로 섬유 공업이 일어나기 시작하였다.

이후 1812년 영국과의 전쟁으로 영국에서 수입한 섬유 제품은 줄어든 반면 국산품에 대한 수요는 늘자 섬유 공업이 전반적으로 활기를 띠게 되었다. 특히, 면방 공업의 발전이 두드러져서 1820년대에는 수백 개의 공장이 설립될 정도였다. 이처럼 섬유 공업에서 시작된 기계화는 이후 제조업 전반으로 확대되었으며 농업 부문의 기계화로까지 이어졌다. 또한 1830년대에는 철도가 등장하면서 지역 간의 원활한 연계가 가능해져 국내 시장이 크게 확대되었다(이보형, 1995: 82~8).

이와 같이 미국은 독립 이후 북동부를 중심으로 산업화의 길로 들어서게 되었다. 북부는 이 산업화를 지속적으로 추구하려고 하였으나 남부의 농업 지향과 충돌하면서 결국 남북 전쟁으로 비화되었다.

2) 남북 전쟁 이후의 산업화

(1) 경제 구조의 선진화

이처럼 19세기에 들어서면서 산업화의 기틀을 마련한 미국은 남북 전쟁이 북의 승리로 끝나자 본격적으로 산업화의 길로 들어섰다. 의회에서 농업을 중시하던 남부의 저항이 없어진 가운데 연방 정부의 지원으로 미국의 산업은 비약적으로 발전할 수 있었다. 이러한 과정을 거치면서 미국은 산업 국가로 변모하고 세계 열강의 대열에 합류하게 되었다.

1865년 미국의 인구는 약 3300만 명이었다. 그러나 1914년에는 1억 명이 넘는 강대국으로 부상하게 되었다. 이 기간 동안 실질 국민 생산액은 거의 6배로 증가하였다. 이러한 GNP의 증대는 구조적인 변화가 있었기에 가능했던 것이다. 남북 전쟁 이전에는 농업 인구가 전체 노동력의 약 57%에 달했고, 공업 인구는 약 14%, 3차 산업의 인구는 29%였다. 소득면에서는 농업이 약 25.8%, 제조업이 약 14.0%, 3차 산업이 약 60.2%의 비중을 차지하였다.

그러던 것이 1899년에 오면 농업 인구는 41.5%로 줄었으며, 반면 제조업 부문은 21.8%로 증가했고, 3차 산업은 36.7%로 늘었다. 소득면에서 농업이 차지하는 비중은 전체의 15.2%로 감소하였으며, 3차 산업은 60.1%로 거의 같은 수준이었지만 제조업 분야는 24.7%로 늘어났다(주명건, 1987: 274~5).

미국은 1860년 세계 4위의 공업국에서 1900년 세계 1위로 뛰어올라 영국이 산업 혁명 이후 1세기 가량 걸려 이룩한 위치를 반 세기도 채 안 되어 차지하였다(이보형, 1995: 144). 산업 혁명 이후 미국 경제의 노동력은 지속적으로 농업에서 제조업과 3차 산업으로 이동하였으며, 총생산액의 비중 또한 농업이 점차 감소하고 제조업이 높아 가는 전형적인 산업화 과정을 거쳤음을 알 수 있다.

(2) 독점의 심화

산업화와 함께 대기업들이 등장하면서 독점이 심화되어 갔다. 미국의 산업화 과정에서 대기업의 역할은 매우 컸다. 대기업이 미국의 경제를 주도하기 시작한 것은 1880년대부터였다. 1850년대 철도 부문에서 시작한 대기업화는 다른 산업 부문에도 파급되어 자본 통합과 유한 책임의 특징을 갖는 주식 회사가 조직되었다. 1900년에는 농업을 제외한 모든 생산 노동자의 70% 이상이 주식 회사에 고용되었으며, 1919년에는 그 비율이 87%로 늘어났다(이주영, 1988: 90~1).

대기업이 가장 먼저 등장한 부문은 바로 철도였다. 남북 전쟁 이후 산업화의 밑거름이 되는 사회 기반 시설 확충이 이루어지면서 철도의 확장 건설이 매우 활발하게 진행되었다. 국내 시장을 연결하는 철도는 1860년대 총 연장 3만 마일 정도였으나 그 후부터는 10년마다 거의 2배씩 늘어났다. 1880년에는 9만 3000마일, 1890년에는 16만 7000마일, 1910년에는 약 25만 마일 정도로 늘어났다(주명건, 1987: 383~4).

이 기간 철도 건설에 주로 자금을 댄 것은 민간 투자가들이었다. 그러나 정부는 이들의 철도 건설에 막대한 지원을 해 주었다. 막대한 토지를 철도 회사에 무상으로 넘겨 주었으며 자금을 융자해 주었다. 주 정부도 주식 매입, 현금 보조, 토지 공여 등의 방법을 통해 철도 회사에 재정적 지원을 아끼지 않았다. 이처럼 막대한 지원이 주어지자 극심한 경쟁이 일어나게 되었고 이를 극복하기 위한 통합이 1880년대부터 일어났다. 대규모 철도 회사들이 매입, 임대, 위탁과 같은 방법으로 작은 철도망을 흡수해 갔던 것이다.

이렇게 해서 등장하게 된 대기업이 제철 산업과 석유 산업, 금융, 보험뿐만 아니라 전기, 전화, 전신 등 공공 사업에 이르기까지 모든 부문으로 확대되었다. 이러한 독점화는 자연 부패와 부조리를 수반하게 되었고, 이에 대한 일반 국민들의 불만과 분노가 높아 갔다. 예컨대 철도 회사들이 농민들의 요금을 높게 책정하자 이에 대한 불만이 높아지면서 농민들은 법정 투쟁을 벌이기까지 하였다(주명건, 1987:

395). 이처럼 대기업의 횡포가 심해지자 정부도 독점 규제에 나서지 않을 수 없는 상황이 되었다. 대표적인 것이 경쟁 유지를 기본 정책으로 삼으려 한 1890년의 셔먼 트러스트 금지법 The Sherman Antitrust Act 이다.

(3) 해외 팽창

일반적으로 자본주의가 발전을 거듭해 독점 단계에 접어들면 새로운 시장이나 투자처를 찾아 해외 시장으로 팽창해 나가게 되어 있다. 19세기 미국도 급격한 산업화를 거치면서 대외 무역 규모가 점차 확대되어 갔다. 남북 전쟁 이후부터 1890년에 이르기까지 미국의 주된 수출품은 밀, 옥수수, 쇠고기 같은 농산물이나 밀가루, 면화 기름, 채소기름, 버터, 치즈 같은 농가공품과 철, 강철, 석유 같은 광물 등이었다. 주요 무역 대상국은 영국을 중심으로 한 유럽 국가들이었다. 그러나 1895년부터 미국의 수출품 가운데서 공산품이 차지하는 비중이 커지기 시작하였다. 시장도 유럽 일변도에서 벗어나 캐나다, 라틴 아메리카, 아프리카, 아시아 등지로 새로운 시장을 개척해 나갔다(이주영, 1988: 155~6).

남북 전쟁 이후 미국의 무역 규모가 성장해 간 추이를 보면 1860년 수출은 약 3억 3357만 달러에서 1910년 17억 4498만 달러로, 같은 기간 수입은 3억 5361만 달러에서 15억 5569만 달러로 늘었다(주명건, 1987: 411). 이러한 무역 규모의 증대를 미국 정부는 고율의 보호 관세 정책으로 뒷받침하였다. 그리하여 미국은 1870년대 중반부터 수출이 수입보다 많아져 무역 수지면에서 흑자국이 되었다.

이러한 상황에서 미국 정부는 오랫동안 유지해 오던 먼로주의라는 고립 정책에서 벗어나 1899년 문호 개방 정책을 선언하였다. 이 문호 개방 정책은 표면적으로는 자유 무역 정신을 표방하였으나 실질적으로는 식민 정책을 미화시킨 것이었다. 이 원칙에 따라 미국은 미서 전쟁을 통해 쿠바를 얻었으며 필리핀을 식민화하였고 카리브해 연안의 푸에르토리코를 합병하고 파나마를 보호령화하였다(주명건, 1987: 422~5).

2. 산업화의 부작용과 사회 개혁

1) 반란의 시대

(1) 왜 반란의 시대인가?

급속한 산업화 이면에서는 사회의 제반 모순이 심화되어 갔다. 독점화와 함께 부의 집중도 심화되었고 사회 전반에는 부패와 부조리가 만연하였다. 노동자들은 저임금에 착취당하였고 농민들은 농장 귀족들의 무자비한 토지 약탈의 희생자가 되었다(데이비스, 1992: 254~5).

　역사학자들은 19세기 후반의 미국 역사를 '반란의 시대'라고 부른다(최웅 · 김봉중, 1992: 161~2). 그만큼 이 시기에는 산업화에서 소외된 계층의 누적된 불만이 폭발하면서 계층 간 대립과 마찰이 빈번하게 빚어졌다. 19세기의 미국 사회는 가진 자와 가지지 못한 자들 간의 마찰, 그리고 원미국인 *native Americans* 과 새 이민자들 간의 마찰,

도시 상공인과 농민들의 마찰, 경영자와 노동자의 마찰 등 여러 집단 간의 마찰이 빈번하게 이루어졌기에 이 시대를 일컬어 반란의 시대라고 부르는 것이다.

미국의 역사학자 리처드 호프스태터 Richard Hofstadter 는 당시의 미국 사회의 모든 에너지가 물질적 발전에만 집중되어 도덕적 에너지는 잠자고 있었다고 표현하고 있다 (Hofstadter, 1963: 1) . 이처럼 물질적 발전의 이면에는 인간적 가치의 상실이라는 크나큰 비용이 자리하고 있다는 인식이 생겨나면서 세기의 전환기 무렵부터 산업화의 혜택에서 소외된 계층을 중심으로 개혁 요구가 분출되기 시작하였다 (데이비스, 1992: 273~8) .

(2) 노동자와 농민의 고통

산업화 과정에서 노동자와 농민은 철저하게 소외되면서 성장의 혜택을 누리기는커녕 오히려 성장의 그늘에서 고통에 신음해야만 했다. 이에 노동자, 농민들은 힘을 결집하여 저항하기 시작했다. 저임금과 장시간 노동에서 허덕이던 노동자들은 1866년에는 전국 노동 연맹 (National Labor Union) , 1869년에는 노동 기사단 (The Noble Order of Knights of Labor) , 1886년에는 미국 노동 총연맹 (American Federation of Labor) 등의 노동 운동 단체를 조직하여 노동 조건의 개선과 정치 개혁을 위한 노동 운동을 전개하였다. 그러나 이 운동들은 그다지 성공적이지 못했다. 파업과 같은 수단을 동원하여 자본가의 횡포에 도전하려 하였으나 기업주들은 재판소의 파업 금지 명령, 공장 폐쇄, 폭력단 사용, 어용 조합 조직 등 온갖 방법을 동원하여 파업을 분쇄하였던 것이다.

한편, 농민들도 고통의 세월을 보내기는 마찬가지였다. 토지

귀족들의 약탈 외에도 1870년대 생산 과잉으로 인한 가격 폭락과 각종 자연 재해 등은 농민들의 고통을 가중시켰다. 이에 농민들도 그들의 경제적 이익을 지키고 현상을 개선하기 위해 조직적 운동을 전개하게 되었다. 이 때 일어난 운동이 그레인저 Granger 운동이다. 이 운동을 주도했던 단체는 1867년 농무성의 관리였던 올리버 허드슨 켈리 Oliver Hudson Kelly 가 조직한 농업 보호 조합(Patrons of Husbandry) 이었다. 이 조직은 1873년의 공황을 계기로 급성장하여 1874년에는 4개 주를 제외한 전국 각지에 지부를 두고 회원 수도 150만에 이를 정도였다. 그러나 1870년대 말부터 조합의 경영 실패로 점차 쇠퇴해 갔다.

그레인저 운동을 대신하여 1880년대에 나타난 것이 농민 동맹 Farmer's Alliance 운동이었다. 협동 조합 운동을 주된 목적으로 한 이 운동은 남부에서 시작하여 점차 서부로 파급되었다. 이 운동은 철도, 통신 기관에 대한 정부의 엄격한 규제와 국유화, 농업 개혁을 위한 제도적 개선을 요구하면서 세력이 급성장하여 1890년 무렵에는 회원이 300만에 이를 정도였다.

농업 개혁을 주장하던 농민 운동은 급기야 정치 운동으로까지 번져 농민 운동을 지지하고 기성 정당에 불만을 품은 정치인들과 연계하여 1892년 인민당을 결성하게 되었다(이보형, 1995: 153~8).

2) 혁신의 시대

(1) 혁신주의 운동

19세기 말의 반란의 시대를 뒤이은 것은 바로 '혁신의 시대'였다. 사회를 개혁하여 바로잡자는 열풍이 휩쓴 시대였던 것이다. 미국의 역사 연구에서는 일반적으로 20세기 초, 구체적으로는 1901년부터 1차 대전 직전인 1914년까지의 기간을 '혁신의 시대 *Progressive Era*'라고 평가한다(Hofstadter, 1963: 1). 사회 각 부문에서 나타나는 자본주의적 발전의 모순을 개혁해야 한다는 것이 시대적 과제로 부상하여 각 부문에서 부조리를 타파하려는 혁신적인 시도들이 이루어졌기 때문이다. 미국은 이 시기 동안 혁명적·사회적 무질서와 불안을 수반하지 않고도 그 기본적 가치와 체제를 전반적으로 수술하고 재정립하였다. 오랫동안 유지되어 온 자유 방임주의에서 벗어나 정부가 적극적으로 경제·사회 체제에 간섭하고 조정하는 역할을 떠맡은 것이 이 시기의 특징이자 미국 역사에서 하나의 전환점을 이루었다(최웅·김봉중, 1992: 216).

19세기 후반부터 추진되어 온 아래로부터의 개혁 요구는 20세기로 들어서면서 전사회적으로 확산되었다. 20세기 초의 혁신 운동은 도시의 중산층에 의해 주도되었으며 정치인들도 발벗고 나서게 되었다. 이 혁신주의 운동은 무엇보다도 미국의 중산층에게 민주주의적 개혁에 대한 강한 확신을 불러일으켰고, 이들 중산 엘리트들이 정부와 함께 대대적인 범사회 운동에 참가하였다. 20세기 초 미국의 개혁은 다수 국민에 의한 개혁이라기보다도 지식인들이 중산층의 말없는 후원을 얻어 정부의 강한 영도 아래 추진된 것이었다(최웅·김봉중, 1992: 239).

그러나 혁신주의 운동은 정당이나 사회 단체가 전국적으로 추진한 통일된 운동은 아니었다. 이 운동은 미국 각지의 농촌에서, 또 각 주의 수준이나 연방의 수준에서 여러 가지 개혁의 목표를 내걸고 같은 시기에 일어난 운동이었다. 개혁의 주된 목표는 대체로 정치의 민주화, 독점 기업에 대한 규제, 근로 대중의 생활권 보호 등에 있었으나 모든 혁신주의자들이 동일한 정책관을 가졌던 것은 아니었다. 그러므로 혁신주의의 통일된 정치관을 제시하기는 어렵지만 개혁에서 국가 권력의 개입을 요구한 점에서는 대체로 일치된 견해를 보인 것으로 평가된다(이보형, 1995: 175).

　　　　이러한 상황에서 연방 정부도 이 시기 혁신 운동에서 주도적 역할을 맡게 되었다. 이 시기의 대통령인 테오도르 루스벨트 Theodore Roosevelt 와 우드로 윌슨 Woodrow Wilson 은 혁신주의 시대의 쌍두 마차라고 평가된다(최웅 · 김봉중, 1992: 217~8).

　　　　뒤에서 논하겠지만, 미국에서 신문 공개법이 제정된 것은 1912년이었다. 이 해는 20세기 초 미국의 혁신주의 개혁이 정점에 달했던 때이며 대통령 선거가 있던 해이기도 하다. 이 때의 선거에서 민주당의 윌슨이 대통령에 당선된 것은 몇 가지 중요한 의미를 갖는다. 우선 19세기 후반에 클리블랜드가 민주당 출신의 대통령을 지낸 이래 오랜만에 민주당 출신의 정치인이 대통령에 당선되었다는 것이다. 둘째로 이 때 출마했던 4명의 후보들(윌슨 외에 태프트, 루스벨트, 그리고 사회당 후보였던 유진 뎁스 Eugene Deds)이 모두 각자의 혁신주의 개혁안을 놓고 대결했다는 사실이다. 이것은 1912년은 범국가적으로 혁신주의가 꽃을 피웠으며, 이러한 혁신주의 강령으로 국민들의 지지를 받지 못하면 어느 후보도 당선될 수 없었던 당시의 상황을 잘 말해 주고 있다(최웅 · 김봉중, 1992: 233).

(2) 혁신주의 운동에 대한 평가

20세기 초의 상황에서 미국의 혁신주의는 전면적인 개혁 운동을 성공적으로 수행할 수 없었다. 그나마 제1차 세계 대전으로 미국이 전쟁의 소용돌이에 휘말리게 되자 미국의 혁신주의도 서서히 국민들의 관심에서 사라져 갔다. 그 후 10여 년 동안 보수 공화주의자들에 의하여 19세기 말과 같은 복고적 자유 방임주의가 지속되다가 1930년대에 들어서 프랭클린 루스벨트의 등장으로 혁신주의는 다시 꽃을 피웠다.

20세기 초의 혁신주의 운동은 19세기 말에 서서히 일어났던 개혁 운동과 1930년대의 뉴딜 간에 다리를 놓는 역사적으로 의미 심장한 운동이었다. 그것은 무엇보다도 혁명 전야와 같은 19세기 말의 사회·경제·정치의 어수선함을 무마하면서 혁명이 아닌 혁신을 통해 사회 질서와 민주주의를 고수하였다는 점에서 미국인들에게는 행운의 운동이었다. 그것은 그 당시의 유럽 제국들과 근본적으로 다른 것으로 미국이 20세기의 세계 강국으로 발돋움하게 되는 결정적인 발판을 다져 준 운동이었다(최웅·김봉중, 1992: 241~2).

이처럼 20세기 초의 미국 사회는 산업화 과정에서 야기된 제반 모순이 축적되어 이에 대한 개혁 요구가 사회 각 부문에서 터져 나오면서 만연된 부패와 부조리를 척결해야 한다는 사회적 분위기가 팽배했던 때라고 할 수 있겠다. 이 시기의 언론 개혁도 이러한 사회적 배경과 결코 무관할 수 없다. 개혁에 대한 요구가 고조된 시대적 배경 속에서 언론계의 부조리를 개혁하려는 시도도 이루어졌던 것이다.

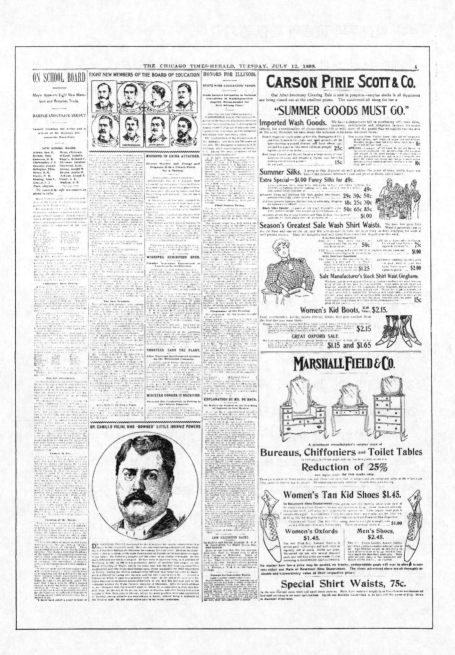

3장   20세기 초 미국의
언론 상황

1. 사회 개혁과 폭로 저널리즘

1) 폭로 저널리즘의 연원

19세기 말과 20세기 초 미국의 언론하면 일반적으로 먼저 폭로 저널리즘을 떠올리게 된다. 미국의 언론사 교과서들도 대부분 이 시기와 관련해서는 폭로 저널리즘을 중심으로 벌어졌던 이른바 성전 *crusades*을 설명하는 데 많은 부분을 할애한다. 일반적으로 폭로 저널리즘이라고 하면 정부나 기업체 등 사회 기득권층의 부정 부패나 비리 등을 파헤쳐서 언론을 통해 공개함으로써 여론에 호소하여 그 해결책을 모색하려는 언론의 보도 경향을 말한다. 이는 산업화의 부작용으로 모순이 심화되어 가는 상황에서 개혁을 추구하던 혁신의 시대였기에 가능했던 하나의 시대적 산물이라고 할 수 있겠다.

이 폭로 저널리즘은 1870년 〈뉴욕 타임스 New York Times〉의 보도에서 비롯된 것으로 평가된다. 그 해 〈뉴욕 타임스〉는 당시 뉴욕 정가에 막강한 영향력을 행사하던 튀드 일파의 부정 부패를 폭로하였다. 이를 계기로 폭로 저널리즘이 비롯된 것으로 보는 것이다. 당시 민주당의 한 계파인 태미파의 보스였던 윌리엄 튀드는 온갖 수단을 동원하여 무려 2억 달러의 공금을 횡령하였다. 이 정보를 입수한 〈뉴욕 타임스〉는 지면을 통해 이를 폭로하였다. 이에 튀드 일파는 자신들의 부정을 은폐하기 위하여 광고 계약금이라는 명목으로 무려 89개의 신문·잡지에 돈을 뿌렸으며, 〈뉴욕 타임스〉에도 500만 달러를 주겠다는 제의를 하였다고 한다.

그러나 〈뉴욕 타임스〉는 이를 거부하고 계속 그 부정을 파헤쳐서 폭로하였다. 이 폭로전에 시사 잡지였던 〈하퍼스 위클리 Harper's Weekly〉도 합세하였다. 이들 언론의 노력으로 튀드와 그 일당 중 일부는 체포되고 나머지는 유럽으로 도망쳤다. 이러한 언론 승리를 계기로 여러 신문과 잡지도 당시 사회에 만연했던 부정 부패와 비리를 폭로하는 데 나서게 되면서 이 폭로 저널리즘이 당시 언론의 주요한 경향으로 자리잡게 되었다(차배근, 1986: 8).

이러한 폭로 저널리즘이 심화되면서 당시 언론의 상업성과 결부되어 상업적인 목적의 추문 폭로도 많아졌다. 이러한 상황 때문에 이를 빗대어 '추문 폭로 저널리즘 muckraking journalism'이라는 명칭을 얻게 되었다. 이는 1906년 당시 대통령이었던 테오도르 루스벨트가 붙인 이름이다. 루스벨트 대통령은 이 폭로 언론인들을 일컬어 "번안의 소설 《천로역정 Pilgrim's Progress》에 나오는 주인공처럼 추문만을 들추어 내려 한다"고 비판적으로 논평하면서 이러한 이름을 붙여 주었던 것이다(Hofstadter, 1963: 18~9).

2) 폭로 저널리즘과 사회 개혁

개혁이 시대적 과제로 부상하는 상황 속에서 언론도 이 시대적 과제를 외면할 수 없었다. 언론은 폭로 저널리즘의 행태로 당시 혁신 운동에 중요한 한몫을 담당하였던 것이다. 호프스태터는 폭로라는 방법이야말로 혁신의 시대에 개혁을 실현하는 주된 도구요, 수단이었다고 평가한다(Hofstadter, 1963: 5).

진보적인 개혁주의자들에게 폭로를 포함한 '공개'의 방법은 부정 부패를 일소하는 해독제로 선호되었다. 이들 이상주의적 행동파들은 공중에게 드러냄으로써 사회 문제에 경계심을 갖게 하고 개혁에 일조하도록 해 준다고 믿었다. 또한 부정 부패를 폭로함으로써 사람들에게 소비 의사를 결정하는 데 필요한 정보를 제공해 줄 수도 있었다.

또한 공개는 미시간 대학의 정치 경제학자 헨리 애덤스Henry Adams가 지적한 것처럼 건전한 사업 감각을 만들어 내기도 하였다. 그의 추론에 의하면 기업의 소유 관계 자료나 회계 보고서, 기타 사업상 자료를 공개함으로써 소비자들에게 신뢰를 주고 또한 기업으로 하여금 보다 엄중한 정부의 통제를 피할 수 있게 하였다는 것이다. 기업의 폐해를 억제하려는 진보적 개혁의 많은 부분에서 공개라는 방법을 사용하였다. 대표적인 것으로는 1906년의 순수 식품 의약법 Pure Food and Drug Act과 1910년 하원 의원들로 하여금 그들의 선거 자금 출처를 공개하도록 한 공개법 publicity Act 등이 있다(Lawson, 1993: 2~3).

혁신의 시대에 개혁주의자들은 대부분 신문을 동맹 세력으로 간주하여 기업들의 부패를 폭로하고 대중들로 하여금 도덕적·실천적 결단을 내릴 수 있게 교육하는 데 언론을 이용했다. 이 폭로 저널리즘을 선도했던 것은 신문보다는 잡지였다. 당시 잡지는 19세기 후반을 거치면서 전국적인 매체로 성장했다. 광대한 영토를 지니고 있는 미국의 지리적 특성 때문에 신문은 지역 매체로서의 특성을 지녔던 반면 잡지는 철도와 우편망을 이용해서 전국적으로 배포되는 전국 매체로 성장했던 것이다.

이러한 특성이 개혁주의자들의 요구와 맞아떨어지면서 잡지가 폭로 저널리즘의 주도적 역할을 담당하게 되었다(Kielbowicz, 1989: 263~6). 당시에 앞장섰던 대표적 잡지로는 〈코스모폴리탄 *Cosmopolitan*〉, 〈먼시즈 위클리 *Munsey's Weekly*〉, 〈맥클루어스 *McClure's*〉 등이 있다 (Ward, 1997: 310~1). 실제로 이 시기 여러 잡지들이 지면을 통해 미국 사회의 여러 가지 부조리를 폭로한 것이 2000여 건에 이른다고 한다(Lawson, 1993: 1). 이처럼 이 시기 언론들은 잡지를 중심으로 해서 사회의 부조리를 폭로하고 해결책을 모색해 가는 과정에 앞장섰던 것으로 평가된다.

2. 언론의 상업화

1) 언론 상업화의 태동

(1) 언론 상업화의 배경

중세에서 근대로 넘어오는 과정에서 서구 언론들은 정치적으로 격변기를 거치면서 언론사적으로는 정치 신문의 시대를 겪게 된다. 정치 신문의 시대는 기본적으로 새로이 주어진 역사적 가능성을 어떠한 방향으로 이끌어 갈 것인가 하는 시대적 과제를 둘러싸고 그 사회 내의 여러 세력들 간에 이념적·정치적으로 노선과 입장의 차이가 발생하기 때문에 생겨난다. 이들 각 세력들은 자신들의 정치적 입장을 강화하기 위해 언론이라는 사상적 무기를 선전 도구로 활용하였다. 언론들은 발행 자금을 정당이나 정파의 자금 지원에 주로 의존하며 지면을 통해 그들의 정치적 입장을 선전해 주는 역할을 떠맡으면서 정치 신문의 시대를 열었던 것이다. 이러한 정치 신문의 시대는 어느 사회나 정치적 격변기에 공통적으로 나타나는 현상이다.

그러나 이러한 격변기를 지나 정치적으로 안정기에 접어들면 우선 정계의 다양한 정당·정파가 정리되면서 언론은 중대한 기로에 직면하게 된다. 정당이나 정파의 자금 지원이 없어지면서 언론들은 재정적 독립을 확보해야 하는 과제를 떠안게 되는 것이다. 이 때 신문들은 상업화를 시도하면서 변화된 환경에 적응해야 했다.

(2) 상업화로 인한 언론의 변화

상업화는 언론에 근본적인 변화를 가져 왔다. 첫째, 재정적 독립을 위한 수단으로 언론은 광고를 본격적으로 도입하였다. 구독료 외에 광고라는 막강한 수입원을 확보함으로써 신문은 구독료를 크게 낮추어 그 보급의 폭을 확대할 수 있었다. 구독료를 제작 원가 이하로 하더라도 광고를 통해서 수익을 확보할 수 있었기 때문이다.

이 때 신문들이 광고를 본격적으로 도입할 수 있었던 것은 신문만의 사정으로 가능했던 것은 아니다. 기업들의 입장에서도 산업혁명 이후 대량 생산 체제로 들어가면서 이 대량 생산된 상품을 시장을 통해 소비하기 위해서는 효과적인 광고 수단을 절실하게 필요로 했다. 광고 매체로는 당시 신문과 잡지라는 대중 매체보다 더 효과적인 것이 없었다. 따라서, 기업들은 신문과 잡지라는 매체를 통해 자신들의 상품을 본격적으로 광고하게 되었다.

광고가 주된 수입원으로 부상하면서 언론들은 구독자층을 확대해야 한다는 새로운 과제를 떠안게 되었다. 신문이 정보나 의견의 전달 매체일 뿐만 아니라 광고 매체로서의 성격도 지니게 되자 얼마나 많은 독자 수를 확보하느냐가 신문 경영의 핵심적인 관건으로 떠올랐다. 많은 독자 수는 보다 많은 광고 수입을 보장해 주었기 때문이다.

이를 위해서는 우선 내용면에서의 변화가 필수적이었다. 딱딱한 정치 기사만으로는 더 이상 독자들에게 어필할 수 없었다. 더 많은 사람들을 독자로 끌어들이기 위해서는 재미있고 참신한 기획이 필요했던 것이다. 독자를 상업적인 소비자로 파악하면서 신문의 내용도 이러한 독자상을 목표로 설정하여(Baldasty, 1992: 5) 이들의 관심과 흥미에 부합하는 내용을 만들어 내기 시작했다.

이러한 맥락에서 나타난 새로운 경향의 저널리즘이 바로 '뉴 저널리즘'이다. 다양하고 재미있는 기획과 변화 있는 편집으로 독자들의 관심과 흥미를 자극하여 독자층의 확대를 도모하려 했던 것이 바로 이 뉴 저널리즘이 지향했던 목적이라 할 수 있다. 이 시기의 신문들은 딱딱한 정치 기사 위주에서 벗어나 생활 주변에서 일어나는 가볍고 흥미 있는 일상적인 기사들을 사진과 그림, 그리고 소제목 등을 사용해 가면서 독자들이 흥미를 가지고 부담 없이 읽을 수 있도록 편집했다. 뉴 저널리즘은 또한 사회적인 캠페인을 전개한다거나 현상 모집, 퀴즈 등 다양한 방법들을 동원하여 독자들을 끌어모으는 데 전력을 다하였다(한국사회언론연구회, 1996: 41~2).

(3) 미국 언론의 상업화

미국의 언론은 19세기 중엽부터 상업화의 단계로 접어든 것으로 평가된다. 센서스 자료에 의하면 1850년경만 해도 미국 신문의 80% 정도가 정파 신문의 특성을 지니고 있었던 것으로 평가되었다. 그러나 1900년에 이르면 뉴욕의 언론계는 선정적인 내용으로 가득한 신문들이 넘쳐나게 되었다(Baldasty, 1992: 4~7). 상업화가 극단화된 형태로서 이른바 황색 저널리즘이 바로 그것이다.

미국 신문의 상업화는 1833년 벤자민 데이 Benjamin Day가 창간한 〈뉴욕 선 New York Sun〉지가 신문의 대중화에 성공함으로써 시작되었다. 이 신문은 신문의 가격을 대폭 낮추어 일반 대중들도 큰 부담 없이 신문을 사 볼 수 있게 만들었다. 이처럼 일반 대중들을 독자층으로 끌어들임으로써 〈뉴욕 선〉지가 경쟁지들을 누르고 성공을 거두자 이러한 방식의 신문이 널리 확산된 것이다. 이 페니 프레스 penny *press*의 시대는 신문의 상업화를 선도하는 계기가 되었다(Emery & Emery, 1988: 115~8).

벤자민 데이의 〈뉴욕 선〉이 성공할 수 있었던 것은 기본적으로 데이의 뛰어난 안목에 기인한 바 크겠지만, 넓게 보면 당시 그만한 사회적 여건이 성숙되었기 때문에 가능했다. 대중지가 성공하기 위해서는 다음과 같은 여건들이 갖추어져야 한다. 즉, 대량 부수를 빠르고 값싸게 찍어 낼 수 있는 인쇄 기술이 있어야 하며, 충분한 대중적 수용자층이 확보되어 있어야 하고, 글을 읽을 수 있는 독자층이 형성되어 있어야 한다. 당시는 인쇄 기술이 발달했고 교육 기회가 확대되면서 문맹률이 감소하는 등 사회적 기반이 갖추어져 있었기 때문에 대중화가 가능했다는 말이다.

벤자민 데이는 일반인들이 사 볼 수 있도록 신문 가격을 1센트로 대폭 낮추고 내용도 일반인들의 수준에 맞추어 편집했다. 어려운 정치 논쟁 기사를 줄이고 지역에서 일어난 사건, 폭력, 피처, 섹스, 미담 기사 등 흥미 위주로 바꾸었다. 〈뉴욕 선〉이 성공하자 제임스 고든 베넷 James Gordon Bennett의 〈뉴욕 헤럴드 *New York Herald*〉나 호레이스 그릴리 Horace Greely의 〈뉴욕 트리뷴 *New York Tribune*〉 같은 경쟁지들이 잇따라 뒤를 이으면서 많은 신문들이 대중지를 표방하고 나섰다(임영호, 2000: 49~50).

미국의 언론은 상업화가 진전되면서 그 규모면에서 성장을 거듭하였다. 1910년경의 센서스 자료를 보면 인쇄 및 출판업은 연간 7억 3787만 6000달러의 매출을 기록하여 제조업 6위에 해당할 정도로 성장하였다. 3만 1000개가 넘는 회사가 이 분야에서 38만 8000명의 종업원을 거느리는 규모가 되었다(Thorpe, 1915: 298).

2) 상업 언론의 발전

(1) 신문 발행 목적의 변화

언론의 상업화란 우선 언론의 발행 목적이 바뀌게 된 것을 말한다. 그 이전 정치 신문의 시대에는 정치적 목적의 달성을 위해 언론을 이용하였지만 이제는 이러한 목적에서 벗어나 이윤이 우선적인 목적이 되었다. 〈보스턴 커먼 *Boston Common*〉의 편집자였던 리비 S. 리처드 Livy S. Richard는 1912년에 업계지 〈에디터 앤드 퍼블리셔 *Editor & Publisher*〉에 기고한 글에서 당시 언론계에 팽배한 상업주의적 인식을 다음과 같이 표현했다. "신문 발행인에게 당신이 신문을 발행하는 목적이 무엇이냐고 물었을 때, 그 사람이 정직한 사람이라면 '돈을 벌기 위해서'라고 대답할 것이다. 아마도 그가 남을 의식한다면 '공익에 봉사함으로써 돈을 벌려고 한다'고 대답할 것이다"(*Editor & Publisher*, 1912. 9. 7: 21). 이 글을 통해 그는 언론에 팽배한 상업주의 때문에 언론 자유는 이미 불가능해졌다고 주장하였다. 신문의 상업화가 심화되면서 신문이 본질적인 면에서 변화를 겪고 있음을 잘 지적해 주고 있다.

19세기 말에 이르면 언론은 미국이라는 기업 내에서 그 지위를 확고히 한 것으로 평가된다. 언론인 월 어윈 Will Irwin이 신문과 잡지를 일컬어 "무한한 이윤을 가져다 줄 사업"이라고 평했던 것이 1911년의 일이다. 요즘 많이 쓰는 표현을 빌리자면 이른바 황금알을 낳는 거위라는 말이다. 어윈의 말대로 기업인들이 언론을 수지 맞는 사업으로 간주하였다는 사실은 여러 가지 자료로 뒷받침된다. 1912년 이전의 20년 동안 미국 신문의 숫자는 3000개 이상 늘어났다. 잡지 역시 마찬가지로 1885년에는 3300여 개였던 것이 1905년에는 6000여 개로 거의 두 배 가량 늘어났다.

수적으로만 늘어난 것이 아니라 이 시기 언론들은 돈을 벌 수 있었다. 예를 들면 〈뉴욕 월드 *New York World*〉는 1890년대 중반 그 자산 가치가 1000만 달러 가량이었으며 연간 순익이 100만 달러였다. 허스트의 〈뉴욕 이브닝 저널 *New York Evening Journal*〉 책임 편집인이었던 아서 브리스베인 Arthur Brisbane 은 20세기 언론의 사업적 측면을 일컬어 "언론에서 성공하면 돈이 된다. 편집인들은 돈벌이에 열중하고 있다"고 표현했다(Lawson, 1993: 7). 상업화로 인해 신문이나 잡지를 발행하는 것을 이윤 추구를 위한 수단으로 바뀌었으며, 실제로 언론이 많은 이윤을 가져다 주는 노다지 사업으로 자리잡게 되었다.

(2) 신문의 기업화

언론 상업화의 진전은 여러 가지 측면에서 언론에 많은 변화를 초래하였다. 가장 큰 변화는 발행 목적이 변화되면서 언론들이 이윤을 목적으로 하는 기업 형태로 전환되고 정착되었다는 점이다. 이러한 언론의 기업화는 우선 그 존재 양식의 변화로 나타난다. 1899년에는 미국 내 전체 간행물의 18%가 기업 소유였으나 1914년에는 그 숫자가 71%로 늘었다고 한다. 대다수 발행인들에게 이윤이 최대의 관심사가 되면서 신문이나 잡지를 발행하는 것은 과거처럼 가내 수공업 형태나 정당 지원으로 운영되던 시대와는 달리 많은 자본이 소요되었다. 이러한 맥락에서 언론의 기업화가 이루어졌던 것이다.

언론이 수지 맞는 장사로 부상하자 재력가들은 신문과 잡지를 마구 사들였으며 그 거래는 대부분 비밀리에 이루어졌다. 이들은 언론 사업 자체를 통해서 돈을 벌 목적도 있었겠지만, 언론을 이용해서 자신들의 주력 사업 분야에서의 이익을 지키고 확대시키려는 목적도 동시에 지니고 있었다.

　　그들은 신문사나 잡지사를 다른 회사와 똑같이 운영하였다. 과거처럼 편집인이나 발행인이 간판이 되어 바로 그 매체와 동일시되던 개인 저널리즘 *personal journalism* 형태의 신문과 잡지는 더 이상 존재하지 않았다. 정치 신문의 시대에 독자들은 그들이 읽는 신문이 누구에 의해 통제되는지를 알 수 있었다. 20세기에 들어서면서 대신문의 편집인들은 경영권에 참여하는 일이 거의 없어졌다. 그 소유주는 대개 익명이었으며 밝힐 수도 없었다. 기사나 논설은 무기명으로 나갔다. 누군지 알 수 없는 사람에 의해 알 수 없는 동기로 쓰여졌던 것이다. 이러한 익명성에 대해 비평가들은 "현대 미국의 저널리즘은 철저하게 돈에 의해 지배됨으로써 위협받고 있다"면서 "전지 전능한 달러가 매일 매일을 지배하고 있다"고 주장하였다(Lawson, 1993: 7~8).

(3) 광고 수입의 증대

상업화된 언론에서 구독료 수입은 이제 광고 수입 때문에 뒷전으로 밀리게 되었다. 그만큼 광고는 언론 기업의 경영에서 핵심적인 위치를 차지하게 된 것이다. 언론이 사업적으로 성공하기 위한 열쇠는 새로이 산업화되어 가는 미국 시장에서 소비자와 생산자를 연계시켜 주는 데 있었다.

　　제조업자나 소매업자들 모두 신문을 통해 자신들의 상품을 잠재적 구매자인 대중들에게 널리 알릴 필요가 절실했다. 대량 생산 체제에서는 가격 경쟁을 통해서가 아니라 대량 판매를 통해 이윤을 확보할 수 있었기 때문이다. 1890년대에 오면 4000개 이상의 기업이 인근 생활권 영역을 벗어난 지역에까지 광고를 시작했다. 대량 생산된 상품은 시장의 확대를 필연적으로 요구했던 것이다. 이들은 대부분 광고 대행사를 통해 자신들의 광고를 실을 신문이나 잡지를 물색하였다. 일부 제조업체들, 예컨대 로열 베이킹 파우더 같은 회사들은 해마다 50만 달러 정도의 예산을 들여서 전국 1만 4000개가 넘는 신문에 광고를 실었다.

센서스 자료를 보면 신문과 광고주 간의 공생 관계가 강화되고 있음을 확인할 수 있다. 1879년 언론 기업들의 수익은 약 8900만 달러 정도였다. 그 가운데 56%는 신문 정기 구독과 판매에 의한 수입이었고 나머지 44%가 광고 수입이었다. 1914년에 오면 전체 수입은 대략 4억 1900만 달러로 늘어나는데, 그 가운데 광고 수입은 61%로 늘어난 반면 판매와 구독 수입은 39%로 줄었다(Lawson, 1993: 8~9). 구독료와 광고 수입의 비중이 역전된 것이다.

윌 어윈의 보고에 의하면 뉴욕의 한 신문사는 그 수입의 비중이 9대 1, 즉 판매 수입이 1달러라면 광고 수입은 9달러라고 고백하였다고 한다. 이는 극단적인 경우겠지만 대부분 신문사들에서 광고 수입이 구독료 수입을 넘어선 것만은 사실일 것이다. 〈시애틀 타임스 Seattle Times〉의 조셉 블레든 Joseph Blethen도 마찬가지로 자신들의 신문 수입은 주로 광고에 의존하고 있다고 인정하였다. 1910년대에는 신문 판매 수입으로는 신문의 제작비도 충당할 수 없는 정도였다고 한다(Irwin, 1911: 16).

이러한 상황에서 자연스럽게 여러 가지 형태의 간행물, 잡지, 신문, 주간지, 일간지, 도시와 농촌 신문, 대중지와 업계지들 사이에 광고주와 독자를 확보하기 위한 경쟁이 치열하게 전개되었다. 발행인들은 발행 부수를 높이기 위해 다양한 방법을 개발하였다. 그 가운데는 보험 증권, 사망 부조금, 보험금 지급 등 다양한 것들이 있었다. 다양한 방법을 통해 독자 확보를 위한 치열한 경쟁을 펼쳤던 것이다.

3. 언론 상업화의 폐해

언론이 상업화되는 과정에서 그 부작용으로 여러 가지 폐해가 발생했다. 언론이 이윤을 위한 상업적인 수단으로 변질되면서 이윤 추구가 모든 것에 우선하자 필연적으로 여러 가지 부작용을 낳게 되었다. 자연스레 언론 본연의 여러 가지 사회적 역할들이 이윤 추구라는 목적에 밀려 무시되거나 경시될 수밖에 없었다.

당시 미국 언론이 보여 주었던 상업화의 폐해는 그 정도가 매우 심했던 것 같다. 미국의 저명한 비평가 업튼 싱클레어 Upton Sinclair는 자신의 저서(1936: 221~4)에서 '매춘 저널리즘 prostitute journalism'이라는 용어까지 사용할 정도였다. 그는 이러한 언론의 부정적 측면을 지적하면서 "자본주의 신문에서 진실과 정의를 기대한다는 것은 카니발 축제에서 금욕주의를 기대하는 것과 마찬가지"라고 말함으로써 상업화된 언론에 대한 극단적인 불신을 표명했다.

당시 상업화된 언론에 대한 비판적 인식은 대표적 혁신주의 정치인 가운데 한 사람이었던 로버트 라 폴레트 Robert La Follette 민주당 상원 의원의 말에서도 확인할 수 있다. 그는 간행물 발행인들이 모인 한 회합에서 다음과 같이 언론을 맹공격하였다(*Editor & Publisher*, 1912. 2. 10: 1).

돈의 힘이 신문을 지배한다. 사람들도 이를 다 알고 있다. 그들에 대한 신뢰는 약해지다 못해 무너졌다. 신문의 사설은 더 이상 여론을 지도할 힘을 잃었다. 물론 신문은 아직도 뉴스에 의존한다. 하지만 뉴스에 관해서도 정부가 기업적 측면을 통제하는 것과 관련이 있을 때는 그 기사 역시 윤색되었다는 것을 독자들은 빠르게 깨달아 가고 있다. 신문 자체에 대한 신뢰가 무너지고 있는 것이다. 주요 일간지의 언론인들 가운데 교양 있고 능력 있는 사람들이 없는 것은 아니다. 그러나 그들은 고용된 사람일 뿐 자신들의 정직한 판단이나 진지한 신념을 표현하지는 않는다. 그저 쓰라는 대로 쓰고 그에 따라 월급을 받는 사람들일 뿐이다. 대중들도 이러한 사실을 잘 알고 있다.

라 폴레트가 언론을 공격하는 주안점은 바로 상업성에 있다. 언론이 상업적 메커니즘에 의해 좌우되다 보니 본분을 잃고 신뢰도가 떨어지고 있다는 점을 강도 높게 비판하였다.

상업화된 언론에 대한 비판은 광고인들도 마찬가지였다. 뉴욕의 한 기업체의 광고 담당 매니저였던 알프레드 W. 맥칸 Alfred W. McCann은 사회학 대회에 참석하여 행한 연설 가운데 "우리 신문들은 누가 봐도 뻔한 거짓말들로 넘쳐난다. 영광, 미덕, 경이로운 기적이라 일컬어지는 것이 눈에 가득 들어온다. 모든 것이 염가이다. 누구나 상품을 원가 이하로 판다고 떠들어 댄다"고 목청을 높였다(*Editor & Publisher*, 1912. 7. 6: 12).

언론인 스스로도 상업화된 언론에 대해 비판적인 경우도 적지 않았다. 〈보스턴 커먼〉의 편집장이었던 리비 리처드는 "상업화된 언론 시장 속에서는 공공 서비스보다 이윤 추구가 우선이 되면서 구조적으로 언론 자유의 구현이 불가능해졌다"고 논평하면서 이를 극복하기 위한 방안으로 공공 통제를 주장하였다. 그 구체적 방안의 하나로 소유권을 공개하도록 하고, 이행하지 않을 경우 우편 혜택에서 배제하는 등 처벌 방법을 제시하기도 하였다(*Editor & Publisher*, 1912. 9. 7: 21).

이처럼 당시 상업화된 언론에 대해 부정적이고 비판적인 인식이 매우 팽배했음을 알 수 있다. 린다 로슨은 당시 미국 언론의 폐해를 크게 세 가지로 나누어 설명하고 있다(Lawson, 1993). 소유권 은폐와 위장 광고[1] *disguised advertisement*, 그리고 발행 부수 속이기가 그것이다. 이 세 가지 관행을 중심으로 당시 미국 언론의 상업적 폐해를 정리해 보기로 하겠다.

1) 소유권 은폐

누가 미국의 언론을 소유하고 있는가? 이 문제는 20세기 초반 개혁주의자들과 정책 당국자들을 고심하게 만든 것 가운데 하나였다. 이

---

1. 위장 광고라는 용어 외에 기사형 광고 *reading notices* 라는 용어도 많이 사용되었다(Baldasty, 1992: Lawson, 1993 등). 그 밖에 사기 광고 *fraudulent advertisement* 라는 용어도 사용되었다(예컨대 *Printer's Ink*, 1890. 1. 15: 262 등). 실제 신문 공개법의 문안에서는 기사형 광고라는 의미의 용어 *'reading matter'* 가 사용되었다.

미 재계 다른 부문의 부조리는 폭로되기 시작했지만 언론만은 여전히 베일에 싸여 있었다. 언론에 대한 의혹이 넘쳐났다. 많은 미국인들은 제이 굴드 Jay Gould 나 J. P. 모건 J. P. Morgan, 존 D. 록펠러 John D. Rockefeller 같은 재력가들이 비밀리에 언론을 소유하고 통제함으로써 여론에 영향력을 행사하고 있다고 믿었다. 인기 있는 개혁주의 잡지들이 미국 기업에 대한 공격의 고삐를 다소 늦추려 하자 재력가들이 진보적 잡지를 사들였다는 유언비어가 급속히 전파되었다. 재력가들 손에 넘어갔기 때문에 비판의 칼날이 무디어졌다는 것이다.

로슨은 언론 소유권 은폐를 크게 두 가지 유형으로 나누어 분석하였다. 하나는 재계의 거물이나 정치인들이 여론에 영향력을 행사하기 위해 신문이나 잡지를 비밀리에 소유하는 것이다. 두 번째는 장사꾼들이 자신들의 신분을 노출시키지 않은 채 제2종 우편물 요금 제도를 이용하기 위해 광고 전단을 간행물처럼 발행한 경우이다. 이 두 가지 경우를 나누어서 현황과 문제점을 살펴보도록 하겠다.

(1) 정·재계 거물들의 언론 소유

왜 언론을 사들였는가?

19세기 후반부터 시작된 미국 언론의 상업화 과정 속에서 정계나 재계의 거물들이 신문을 소유하는 경우가 대폭 늘어났다. 그렇다면 이들은 왜 언론을 사들였는가? 이들이 언론을 직접 소유하고자 했던 것은 정치적 혹은 경제적 목적의 달성을 위해 여론 통제의 수단을 갖추기 위한 것이었다. 광고를 주거나 뇌물을 통해 지면 내용에 압력을 행사하는 방법도 많이 사용되었지만, 언론을 통제하는 가장 효율적인 방법은 그 언론사 주식 전체 혹은 상당 부분을 비밀리에 사들이는 것이었다.

당시 정·재계 거물들로서는, 앞의 2장에서도 살펴보았지만, 독점화가 심화되면서 온갖 부조리가 판치고 빈부 격차가 극심한 가운데 폭로 저널리즘 등에 의해 자신들에게 비난의 화살이 집중되자 어떻게 해서든 이에 대처할 방법이 필요했을 것이다. 그 방법의 하나로 언론을 직접 사들여 여론을 통제하려 했던 것으로 분석할 수 있겠다.

의원들을 직접 매수하는 것보다 신문을 사서 이를 통해 입법에 영향력을 행사하는 것이 더 경제적이며, 게다가 뇌물은 번번이 주어야 하지만 신문을 사는 것은 한 번이면 되기 때문에 더 효과적이라고 보았던 것이다(Lawson, 1993: 14). 이처럼 신문을 사들이는 것은 대개의 경우 은밀하게 이루어졌기 때문에 여러 해가 지나도 확인되지 않는 경우가 빈번했으며, 심지어는 당사자가 죽고 난 이후에야 밝혀진 경우도 있었다고 한다.

철도계 거물들의 언론 소유

미국의 철도왕으로 불리는 제이 굴드는 일간 신문의 영향력과 힘을 누구보다도 먼저 깨달은 기업인 가운데 한 사람이었다. 그가 이처럼 신문의 영향력에 주목하게 된 것은 앞의 2장에서도 지적한 바와 같이 미국의 철도업계가 다른 분야보다 앞서서 대기업화를 이루었으며, 이에 따른 비리가 많았던 사실과도 무관하지 않다.

1872년에는 굴드가 〈뉴욕 트리뷴〉의 발행인 화이트로 라이드 Whitelaw Reid에게 돈을 빌려 준 뒤 그 주식을 인수했다는 소문이 퍼졌다. 이 사실이 널리 알려지고 〈뉴욕 트리뷴〉의 지면에서 굴드에 대한 비판이 사라지자 뉴욕의 신문들은 라이드를 향해 "제이 굴드의 첩자"라거나 혹은 "돈에 팔렸다"고 가혹하게 공격하였다.

1879년 굴드는 〈뉴욕 월드〉를 인수하였다. 그는 이 신문을 1883년 조셉 퓰리처 Joseph Pulitzer에게 넘겼음에도 불구하고 그 1년 뒤 이 신문이 굴드의 경쟁자인 코르넬리우스 반더빌트 Cornelius Vanderbilt에 관해 악의에 찬 기사를 게재하자 비평가들은 그 때까지도 여전히 굴드가 영향력을 행사하는 것으로 생각했다. 퓰리처측의 한 인사는 굴드가 신문에 영향력을 행사하는 것은 부인하면서도 그가 〈뉴욕 월드〉의 지분을 가지고 있다는 점은 인정하였다. 굴드는 이처럼 비밀리에 사들인 신문들을 가지고 자신의 다양한 기업 활동을 홍보하거나 자신의 커뮤니케이션 왕국을 확장하는 데, 그리고 AP 통신사에 영향력을 행사하는 데 이용하였다.

철도계의 거물들 가운데 비밀리에 언론을 소유한 사람이 굴드만은 아니었다. 북태평양 철도 회사 Nothern Pacific Railroad의 설립자인 헨리 빌라드 Henry Villard도 1881년 〈뉴욕 이브닝 포스트 New York Evening Post〉를 인수하였으며, 서북 지역으로의 이주를 장려하기 위해 만든 간행물인 〈더 노스웨스트 The Northwest〉에도 자본을 투자했다.

철도왕 제임스 힐 James Hill도 〈세인트 폴 글로브 St. Paul Globe〉를 비롯한 여러 개의 신문사를 소유한 것으로 알려졌다. 〈세인트 폴 글로브〉지의 편집인도 힐이 이 신문의 주식 모두를 소유하고 있다는 점을 인정했다고 한다. 〈샌프란시스코 콜 San Francisco Call〉의 편집인 프리몬트 올더 Fremont Older의 주장에 의하면 캘리포니아의 남태평양 철도 회사는 그다지 알려지지 않은 신문인 〈샌프란시스코 이브닝 포스트 San Francisco Evening Post〉를 실제 소유하고 있었지만 외형적으로는 휴 흄 Hugh Hume의 명의로 해 놓았다고 한다.

한편 전차 회사인 유나이티드 레일웨이즈는 샌프란시스코의 여러 주간지들, 즉 〈선셋 매거진 *Sunset Magazine*〉, 〈더 새크라멘토 유니온 *The Sacramento Union*〉, 〈프레스노 헤럴드 *Fresno Herald*〉를 사들였으며 〈샌프란시스코 글로브 *San Francisco Globe*〉를 창간하였다고 한다 (Lawson, 1993: 15~6).

록펠러의 언론 소유

철강왕으로 유명한 록펠러도 미국 내 여러 지역에 걸쳐 많은 언론사들을 은밀히 사들였던 것으로 알려졌다. 록펠러가 언론에 대한 투자를 시작한 것은 1879년이었다. 그 해 록펠러는 자신이 소유한 스탠더드 오일 회사의 오하이오 자회사를 통해 〈클리블랜드 헤럴드 *Cleveland Herald*〉의 주식 1만 달러 가량을 은밀하게 사들이면서 언론에 대한 투자를 시작하였다.

　　록펠러는 직접 나서지 않고 자신의 동업자나 직원을 내세워 언론을 사들이기도 했다. 1885년 록펠러의 동업자인 패트릭 보일 Patrick Boyle은 적대적 태도를 보여 온 〈오일 시티 데릭 *Oil City Derrick*〉을 사들여서 바로 록펠러의 대변인처럼 만들어 버렸다. 보일은 1889년 오하이오 톨레도의 〈커머셜 가제트 *Commercial Gazette*〉를 인수하였으며, 스탠더드 오일의 다른 직원 찰스 매튜 Charles Mathews는 뉴욕 버팔로의 〈피플스 저널 *People's Journal*〉을 사들였다. 보일은 스탠더드 오일이 언론을 소유하고 있다는 것은 사실이 아니라며 거듭 부인하였지만 소문은 계속 나돌았으며, 전국의 많은 신문들에 영향력을 확보하려는 록펠러의 작업은 지속되었다 (Lawson, 1993: 16~7).

　　업튼 싱클레어에 의하면 록펠러 혹은 그의 대리인들이 콜로라도와 오하이오, 플로리다의 언론을 인수하였으며 오클라호마에서는 거의 모든 신문을 사들였다고 한다. 콜로라도에서는 록펠러사가 〈트리니다드 크로니클 뉴스 앤드 애드버타이저 *Trinidad Chronicle - News and Advertiser*〉와 〈푸에블로 칩틴 *Pueblo Chieftain*〉을 소유했지만, 그들은 덴버의 〈로키 마운틴 뉴스 *Rocky Mountain News*〉를 사들이는 데는 실패했다(Sinclare, 1936: 242).

록펠러는 1903년 오하이오 주도인 콜럼버스의 영향력 있는 신문 〈오하이오 스테이트 저널 *Ohio State Journal*〉을 인수하려 했지만 뜻을 이루지 못했다. 록펠러의 뜻에 따라 스탠더드 오일의 부회장이었던 존 D. 아치볼드 John D. Archbold는 오하이오의 공화당 상원 의원 조셉 B. 포레이커 Joseph B. Foraker에게 5만 달러를 주어 이 신문 주식을 사들이려 했다. 포레이커는 신문 발행인에게 접근하였지만 그 발행인은 이를 거부하고 돈을 아치볼드에게 돌려 보냈다. 하지만 스탠더드 오일은 플로리다의 대표적 일간지를 인수하는 데에는 성공한 것으로 알려졌다.

록펠러 왕국은 잡지에도 비밀리에 투자하였다. 그들이 투자한 잡지로는 〈아웃룩 *Outlook*〉, 〈건턴스 매거진 *Gunton's Magazine*〉, 〈프라 *Fra*〉, 그리고 재계의 지도자들과 기업인들을 위한 잡지 〈매뉴팩처러스 레코드 *Manufacturers Record*〉 등이다. 뿐만 아니라 록펠러측 인사인 앨프레드 베드포드 Alfred Bedford는 〈레슬리스 위클리 *Leslie's Weekly*〉에도 한동안 투자했다. 베드포드가 30만 달러의 자금을 빼내자 이 잡지는 발행을 중단할 정도였다.

록펠러가 〈월즈 워크 *World's Work*〉의 주식도 소유하고 있다는 확인되지 않은 소문이 유포되었다. 그러나 편집장 월터 하인스 페이지 Walter Hines Page는 이 소문을 근거 없는 것이라고 부정하였다. 그럼에도 불구하고 비평가들은 이 잡지의 지면을 보면 그 배경에 누가 있는지를 알 수 있다고 주장하였다.

　　록펠러의 내셔널 시티 뱅크 National City Bank 뉴욕 지점장이었던 제임스 스틸만 James Stillman 이 〈아웃룩〉의 주식을 비밀리에 사들이고 난 후 이 잡지는 기존의 친여성적이고 개혁적인 입장을 바꾸어서 스탠더드 오일을 홍보하였을 뿐만 아니라 여성 참정권을 반대하였으며 공공 사업을 공중의 소유로 하는 것에도 반대 입장을 표명하였다. 루스벨트 대통령의 비정상적인 모습을 묘사한 것으로 악명 높던 〈컨턴스 매거진〉도 록펠러의 사업을 노골적으로 격찬하고 나서 '특권층의 손발'이라는 말을 들었다 (Lawson, 1993: 17~8) .

금융왕 모건의 언론 소유

당시 미국의 대표적인 금융인으로서 미국 내 최고의 재력가로 손꼽혔던 모건도 여러 언론들을 공개적으로 소유하거나 비밀리에 주식을 사들인 또 다른 재계 거물이었다. 그가 사들인 매체들 가운데는 과거 기업의 부정을 폭로하는 데 앞장섰던 잡지들도 다수 있었다. 〈센추리 Century〉, 〈스크라이브너스 Scribner's〉, 〈노스 아메리칸 리뷰 North American Review〉, 〈아메리칸 매거진 American Magazine〉, 그리고 〈하퍼스 Harper's〉 등이 모건 본인 혹은 그의 브레인으로 알려진 토머스 W. 라몬트 Thomas W. Lamont 의 통제 아래 들어간 것으로 알려졌다 (Lawson, 1993: 18) . 벤 백디키안 (Ben Bagdikian, 1990: 210~1) 에 의하면, 이들 잡지들은 모건측의 통제로 넘어가자마자 "이제 독자들은 기업의 부정을 폭로하는 것에 신물이 날 것이다"라고 선언한 뒤 기업의 부정에 대한 비판적 기사들이 지면에서 사라졌다고 한다. 재계 거물에 의한 언론 소유가 어떤 결과를 낳는지를 단적으로 보여 준 사례라고 하겠다.

〈하퍼스〉를 인수한 과정을 보면, 1910년 모건의 은행은 이 잡지의 주식 대부분을 사들였다. 일 주일이 채 안 되어서 이 잡지를 이끌어 가던 편집인과 기자들이 해고되었다. 진보적 편집 방침으로 널리 알려진 〈아레나 *Arena*〉는 "특권층의 영토를 확고히 지킬 수 있는 방법을 찾기 위해 그 대리인들이 은밀하고도 확고하며 체계적으로 나서서 여론에 영향력을 행사하는 전국의 잡지들을 사들이고 있다는 것은 이제 의심할 여지가 없다"고 언명하였다.

모건도 자신의 휘하에 있던 사람들을 대리인으로 내세워 언론을 사들이기도 하였다. 〈먼시즈 *Munsey's*〉의 발행인이며 모건 소유의 미국 철강 회사 최대 주주인 프랭크 먼시 Frank A. Munsey도 모건의 손발이라는 의혹을 받았다. 어떤 비평가는 먼시가 모건을 위해 신문을 사들이고 팔고, 창간하고 탄압하는 데 탁월한 활약을 했다고 비난했다.

먼시는 〈뉴욕 텔리그램 *New York Telegram*〉과 〈데일리 뉴스 *Daily News*〉, 〈워싱턴 타임스 *Washington Times*〉, 〈볼티모어 뉴스 *Baltimore News*〉, 〈필라델피아 타임스 *Philadelphia Times*〉, 〈보스턴 저널 *Boston Journal*〉, 〈뉴욕 선〉 그리고 〈글로브 *Globe*〉 등의 언론을 잠깐씩 소유하기도 했다. 그 때마다 이 신문들은 모건을 도와 주었다. 모건의 금융계 인사 가운데 한 사람인 조지 퍼킨스 George Perkins도 〈뉴욕 이브닝 메일 *New York Evening Mail*〉의 주식을 소유했던 것으로 알려졌다.

모건이 소유한 신문은 주로 동부에 집중되었지만 구리업계의 제왕들은 구리가 많이 나는 몬타나, 애리조나, 미시간 지역의 언론을 사들였다는 의혹을 받았다. 민주당 상원 의원 윌리엄 A. 클럭 William

A. Clark과 그의 경쟁자인 아말가메이티드 코퍼의 마르쿠스 데일리 Marcus Daily는 1900년대 초반 이 지역 구리 회사들의 대부분을 소유했으며, 이 지역의 여러 신문들을 소유하면서 이를 통해 상호 비방을 일삼았다. 이 두 진영은 버트의 〈몬타나 스탠더드 *Montana Standard*〉와 〈데일리 포스트 *Daily Post*〉, 헬레나의 〈인디펜던트 *Independent*〉와 〈레코드 헤럴드 *Record – Herald*〉, 미줄라의 〈미줄리안 *Missoulian*〉과 〈센티널 *Sentinel*〉, 〈아나콘다 스탠더드 *Anaconda Standard*〉, 〈빌링스 가제트 *Billings Gazette*〉, 그리고 〈리빙스턴 엔터프라이즈 *Livingston Enterprise*〉 등의 신문을 통해 싸움을 일삼았다. 이 신문들은 대부분 연 수천 달러씩 적자를 기록하였지만 구리왕들이 벌이는 여론 전쟁의 선봉장 역할을 하였다(Lawson, 1993: 18~9).

정치인들의 언론 소유

언론을 은밀하게 사들였던 것은 재계의 거물들만이 아니었다. 정계의 인사들 중에도 상당수가 직접 혹은 간접으로 언론을 사들이는 작업에 나섰다. 상원 의원 드라이든은 '홍보의 무기'를 은밀히 소유함으로써 정치적으로 이득을 보려 했던 여러 연방 의원들 가운데 한 사람일 뿐이다. 1906년 〈콩그레셔널 다이제스트 *Congressional Digest*〉라는 잡지의 기사에 의하면 21명의 상·하원 의원이 신문 사업에 투자하고 있음을 인정했다고 한다. 그러나 이것이 결코 전부가 아니다. 다른 많은 의원들은 자신들의 관련 사실을 숨기고 있었던 것이다.

　　언론을 소유한 것은 양당 모두에게 해당하는 일이었다. 뉴저지의 영향력 있는 공화당 상원 의원 넬슨 알드리치 Nelson Aldrich는 일반적으로 반개혁적 인사로 알려져 있다. 하지만 〈프로비던스 저널

Providence Journal〉을 익명으로 소유했으며 〈포터킷 타임스 *Pawtucket Times*〉와 〈뉴욕 선〉을 통제하고 있다는 소문이 나돌았다. 그는 공화당의 다른 보수파 의원들이 영향력 있는 언론을 남몰래 사들이는 것을 도와 주었다.

민주당 의원들도 마찬가지로 비밀리에 언론을 소유하는 경우가 적지 않았다. 상원 의원 아이작 스티븐슨 Issac Stephenson 은 〈밀워키 프리 프레스 *Milwaukee Free Press*〉에 투자하였으며 상원 의원 토머스 카터 Thomas Carter 는 공화당 상원 의원 윌리엄 클럭이 그랬던 것처럼 몬타나 주 여러 도시의 신문을 소유하였다. 상원 의원 조셉 베일리 Joseph Bailey 는 텍사스의 여러 신문에 투자하였으며 이 신문들은 항상 그의 활동을 뒷받침해 주었다.

심지어는 의원들이 언론사를 소유한 사실이 그가 죽고 나서야 알려진 경우도 있을 정도였다. 인디애나의 공화당 의원 찰스 페어뱅크 Charles Fairbank 가 바로 그런 경우이다. 그는 〈인디애나폴리스 뉴스 *Indianapolis News*〉의 주식 4분의 3을 소유하고 있었으며 〈인디애나폴리스 저널 *Indianapolis Journal*〉의 주식 80%를 소유하고 있었다. 그러나 이 사실은 전혀 알려지지 않다가 그가 죽고 난 뒤 그의 유언장이 공개되면서 비로소 밝혀졌다 (Lawson, 1993: 20). 유력 인사들의 언론 소유가 비밀리에 이루어진 경우가 많았음을 보여 주는 사례다.

(2) 광고 전단의 간행물 위장

왜 간행물을 위장했는가?

소유권 은폐의 두 번째 유형은 장사꾼들이 자신들의 신분을 노출시키지 않은 채 광고 전단을 간행물처럼 발행한 경우이다. 당시 정부

관계자나 발행인들, 그리고 광고주들을 더욱 곤혹스럽게 만들었던 것은 바로 이 유형이다. 이들이 부당하게 우편 요금 혜택을 봄으로써 정부의 재정에, 나아가서는 우편 제도를 이용하는 일반 국민들에게 폐를 끼쳤다. 간행물의 우편 요금 혜택을 주기 위해 일반 국민들은 실제보다 더 비싼 요금을 물어야 했기 때문이다.

장사꾼들이 이처럼 광고 전단을 마치 합법적인 간행물처럼 보이게 만든 이유는 단지 제2종 우편물의 요금 혜택을 받기 위해서였다. 1879년 제정된 우편법에 의해 정기 간행물은 제2종으로 분류되어 상당한 우편 요금 혜택을 볼 수 있었지만 부정기 인쇄물은 제3종으로 분류되어 비싼 요금을 물어야 했다(Kielbowicz, 1989: 21).

당시의 요금 체계는 제2종 우편물은 파운드당 2센트였으며 제3종 우편물은 파운드당 8센트였다. 하지만 실제로는 이보다 훨씬 비쌌다고 한다. 제2종 우편물은 전체 무게를 달아서 요금을 매겼지만 제3종 우편물은 낱개 단위로 요금을 따로 매김으로써 실제 요금은 파운드당 14.7센트에 달했다. 실제 요금 차이는 7배가 넘었던 것이다.

경영의 관점에서 보면 광고 전단을 신문이나 잡지의 형태로 위장하는 것은 매우 기발한 착상이었다. 광고를 외부에 위탁하지 않고 자체적으로 해결할 수 있을 뿐만 아니라 대중들에게 전달하는 배포 비용에서도 막대한 정부 보조를 받음으로써 이윤을 확대할 수 있었다. 한 걸음 더 나아가서 이러한 유형의 광고가 명시적인 형태의 광고보다 소비자들에게 더 효과적인 것으로 간주되었다.

당시의 한 광고 편람은 이러한 사실을 단정적으로 지적하면서 업자들에게 이를 적극 권장하기까지 하였다. 보스턴의 전직 기자가 펴낸 1016페이지에 달하는 광고 편람인《파울러스 퍼블리시티 *Fowler's*

Publicity》에서는 기업가들에게 광고 전단을 "광고물을 모아 놓은 것이 아니라 신문처럼 보이게 만들라"고 권유하기도 했다.

이 편람은 이어서 이 간행물에는 정규 신문처럼 보이게 그럴 듯한 제호를 붙이라고 충고하였다. 그는 "만일 사장 이름이 스미스라면 '스미스즈 위클리 *Smith's Weekly*'나 '스미스즈 먼슬리 *Smith's Monthly*' 혹은 '스미스즈 레이디스 컴패니언 *Smith's Ladies' Companion*,' '스미스즈 매거진 *Smith's Magazine*' 등으로 붙이라"고 제의하였다. 또한 "'레이디스 불리틴 *Ladies' Bulletin*'이나 '더 우먼스 페이퍼 *The Woman's Paper*,' '더 하우스홀드 가제트 *The Household Gazette*,' '패밀리 파이어사이드 *Family Fireside*'와 같이 일반적인 제호도 무난하다"고 덧붙였다 (Lawson, 1993: 21~2).

이처럼 당시에는 단순히 광고 내용만을 담은 광고 전단에 불과한 것들이 제2종 우편물의 요금 혜택을 노리고 신문이나 잡지 등의 정기 간행물인 것처럼 위장하는 사례가 매우 빈번했다.

위장 간행물의 홍수

파울러의 충고를 받아들여 수많은 기업들이 간행물을 만들어 내는 바람에 우편물이 홍수를 이루었다. 예컨대 보험업계에서는 자사 보험의 이점을 광고하기 위해 나온 전단이 2~30종에 이르렀다고 한다. 업계 전문지인 〈내셔널 애드버타이저 *National Advertiser*〉는 1892년 이러한 마케팅 방법에 대해 "요즘 일부 군소업체를 제외하고는 자체적으로 신문을 발행하지 않는 회사가 거의 없다. 금에 관한 간행물부터 니스, 타자기, 마차, 음식, 약에 관한 간행물에 이르기까지 헤아릴 수 없이 많은 종류의 간행물이 나온다"고 평하였다. 대부분의 회사들이 이처럼 광고 전단을 간행물처럼 발행하여 이중의 효과를 노렸던 것이다.

이 간행물의 소유주는 바로 그 업계에 종사하는 사람들이었다. 일부는 제1면에 자신의 이름을 발행인으로 넣기도 하였으나, 편집장이나 다른 사람을 전면에 내세우거나 또는 여전히 앞에 나서지 않고 배후에 남는 사례도 있었다. 이들 '사이비' 간행물들이 도처에서 출현하였던 것이 당시의 실태였다(Lawson, 1993: 21~2). 이러한 정체 불명의 간행물들이 쏟아져 나오자 독자들로서는 도대체 이것이 신문인지 광고지인지조차도 분간할 수 없는 상황이 벌어지게 되었다.

1897년경 우편 관계자들에 의하면 제2종 우편물의 85% 정도는 사실상 부적격한 것으로 추정된다. 그 10년 뒤쯤에는 60~80% 정도가 부적격한 것이었다고 한다. 사실상 제2종 우편물의 혜택을 본 간행물의 절대 다수가 위장 광고물이었다는 것을 말해 준다. 1906년경 우정성 제3 차관보였던 에드윈 C. 매든 Edwin C. Madden에 의하면 당시 제2종 우편 요금 혜택을 받던 신문의 60%, 잡지의 80%는 자격이 없는 간행물들이었다고 한다. 정규 간행물들 역시 기사형 광고를 제외하더라도 광고가 전체 지면의 70%를 상회하였다는 것이다. 따라서 "모든 간행물은 광고를 목적으로 발행된다"는 평가도 가능할 정도였다(Lawson, 1993: 93, 109).

위장 간행물에 대한 대응

위장 간행물이 쏟아져 나오면서 가장 직접적인 피해를 입은 사람은 바로 정상적으로 간행물을 발행하는 발행인들이었다. 이들 '정규' 발행인들과 광고주들로서는 사이비 언론이 자신들의 영역에 끼어들어 광고를 부당하게 가져가 버리는 것에 대해 당연히 분노할 수밖에 없었다.

이들은 나름대로 여러 가지 대응책을 강구하기 시작하였다. 이들 입장에서 취할 수 있는 수단 가운데 하나는 제2종 우편물에서 부당한 광고 전단을 몰아 내기 위해 지속적으로 애쓰는 우정성을 도와 주는 것이었다. 제2종 우편물의 적격 여부를 심사해야 했던 우정성으로서는 이들 사이비 간행물 때문에 연간 수천 달러의 추가 비용을 지불해야 했다.

이들은 또한 관련법을 보다 강화해 줄 것을 요구하고 나섰다. 1891년 시카고의 몇몇 발행인들이 모여서 우편법을 개정하도록 의회를 설득하자는 캠페인을 시작하였다. 이들의 취지는 그럴 듯하게 간행물의 외양을 취하여 우편 요금 혜택을 보는 '사이비' 광고 전단의 수가 계속 늘어나는 것을 억제할 수 있도록 관련법을 강화해 달라는 것이었다.

1년 뒤 주간 발행인들의 모임인 전국 편집인 협회 (National Editorial Association) 는 제2종 우편물 혜택의 등록 요건을 강화하기 위해 우정성이 제안한 입법에 찬성하기로 결의했다. 현재의 전국 신문 협회 (NEA: National Newspaper Association) 의 전신인 전국 편집인 협회는 1895년 개최된 11차 연차 총회에서 광고 전단들을 제2종 우편물에서 제외할 필요가 있음을 재천명하였다. 회원들은 "정규 신문과 잡지의 권익을 보호할 방책을 강구하는 데 협회는 협조할 의무가 있다"고 결의하였다.

1904년에도 NEA는 제2종 우편물의 적합성을 판단할 때 '정규' 간행물과 '사이비' 간행물에 차등을 두는 것에 우정성이 더 큰 관심을 가져 줄 것을 다시 한 번 촉구하였다. 미국 신문 발행인 협회 (American Newspaper Publishers Association) 도 1896년 제2종 우편물의 등록 요건을 강화하자는 입법에 찬성하기로 만장 일치로 결의함으로써 제2종 우편물에서 '사이비' 간행물들을 몰아 내는 싸움에 합류하였다(Lawson, 1993: 22∼4).

이처럼 언론인이나 발행인들 단체를 중심으로 위장 간행물을 제2종 우편 요금 대상과 광고 시장에서 축출하기 위한 시도들이 이루어졌다.

2) 위장 광고

19세기 말과 20세기 초 미국 언론에서는 언론인들이 정보원이나 광고주로부터 돈을 받고 그 대가로 기사를 써 주는 관행이 매우 흔했던 것 같다. 여기서는 이러한 관행에 대해서 살펴보기로 하자.

(1) 언론의 촌지[2]

언론 상업화와 촌지

한국 사회에서 언론인의 윤리와 관련하여 가장 골치 아픈 문제 가운데 하나이며 가끔씩 사회적으로 쟁점화되기도 하고 일반 수용자들이 가장 불만스러워 하는 것 가운데 하나가 바로 이 언론 촌지 문제다. 이 언론 촌지가 19세기 말과 20세기 초 미국의 언론에서도 나타났다. 일반적으로 언론 촌지란 언론과 좋은 관계를 유지하여 언론을 통해 자신들의 이해 관계를 충족시키기 위해 돈이나 기타 금품을 언론인

---

2. 제럴드 볼데스티가 썼던 용어는 뇌물이라는 의미의 *bribery* 이지만(Baldasty, 1992: 73), 이 책에서는 우리 사회에서 익숙하게 사용되는 촌지라는 용어를 사용하고자 한다.

에게 제공하는 것을 말한다.

당시 미국 언론에서 이러한 촌지가 나타났던 것은 상업화의 맥락에서 이해할 수 있다. 상업화 이후 이윤이 지상의 목적이 되면서 돈이 되는 일이라면 무엇이든지 하려는 관행들 때문에 나타난 것이 바로이 촌지다. 물론 촌지를 주는 입장에서는 언론이 그만큼 사회적 영향력이 크기 때문에 어떤 수단을 동원해서라도 자신들에게 유리한 방향으로 영향을 끼치려 했다. 이러한 가운데 촌지가 나타나게 된 것이다.

상업화를 통해 광고의 영향력이 커지면서 지면의 내용까지 영향을 받게 되었다. 윌 어윈은 언론 내용에 대한 광고의 영향은 크게세 가지 방향으로 나타난다고 지적하였다 (Irwin, 1911: 16). 첫번째는지면의 편집 방침에 영향을 주는 것, 두 번째는 뉴스 가치가 없는 것이 광고주의 이익을 위해서 기사화되는 사례가 늘어나는 것, 마지막으로는 광고주에게 해가 될 수 있는 내용의 기사는 지면에서 배제되는 것이다.

당시 미국 언론에서는 그 내용에 영향을 미치기 위한 수단으로 돈이나 다른 형태로 보상을 제공하는 방법이 많이 이용되었다. 이처럼 당시 미국 언론에서 촌지가 성행했다는 사실은 광고주들을 위한 업계 잡지인 〈프린터스 잉크 *Printer's Ink*〉에 실린 기사들을 통해 확인할 수 있다. 이 잡지는 보스턴의 한 극장 관계자가 자신의 경험을적은 글을 소개하면서 다음과 같이 언급하였다.

기자나 편집인에게 5달러 정도만 줘어 주면 실제로 50달러를 들여서광고한 것보다 더 큰 효과를 볼 수 있다. 공짜 티켓도 현금만큼 효과적이지는 못하다. 이는 동일 업종에서도 어떤 회사는 다른 회사보다

신문의 공짜 광고나 기사를 훨씬 더 자주 얻는 것을 보면 알 수 있다
(*Printer's Ink*, 1890. 1. 22: 292).

이 기사 내용에서 우리는 돈을 주고 자신들이 원하는 내용의
기사를 얻어 내는 촌지가 존재했다는 사실을 알 수 있다. 당시에 이
런 관행이 어느 정도 보편적이었는지는 확인하기가 어렵다. 〈프린터
스 잉크〉에 이 기사가 나간 다음 얼마 후인 1890년 2월 5일자(p.339)
에 보스턴의 한 언론인이 투고한 반론이 게재되었다. 익명으로 된 이
투고문에서 필자는 "보스턴에는 돈을 받을 편집인이 존재한다고 생
각하지 않는다. 만일 그러한 사실이 밝혀진다면 그 언론인은 단 한
시간도 버티지 못할 것이다"라고 강도 높게 반박하였다. 이를 보면
당시의 언론인들 모두가 촌지를 받은 것은 아니라고 할 수 있겠지만,
이처럼 돈 받는 관행이 존재했던 사실을 부인하기는 어려울 것이다.

여러 형태의 금품 수수

당시 언론인들에게는 돈 외에 다른 형태의 뇌물도 통용되었다. 예컨
대 보스턴의 업계지 〈프로피터블 애드버타이저 *Profitable Advertiser*〉는
지면을 통해 호텔은 호텔 이용료를 최대한 싸게 해 준다든가, 철도
회사는 무료 이용권을 기자들에게 주라고 권유하였다. 이렇게 하면
그 몇 배의 성과를 얻을 수 있다는 것이다(*Profitable Advertiser*, 1899. 6.
15: 69~70, Baldasty, 1992: 73에서 재인용).

이처럼 언론인들에게 금품이나 기타의 경제적 혜택을 제공함
으로써 기대했던 보상은 자신들에게 유리한 기사를 게재해 주거나
자신들에게 불리한 기사를 지면에서 빼 달라는 것이었다. 호텔의 경

우를 보면 기자들에게 촌지를 줌으로써 유명 인사들이 자신의 호텔에 체류한다는 등의 긍정적인 이미지를 부각시키는 내용을 강조하는 것뿐만 아니라 자신들에게 불리한 내용, 즉 호텔에서 있었던 자살 사건이나 기타의 사건 사고 등을 지면에서 빼기도 했다는 것이다 (*Printer's Ink*, 1895. 3. 13: 3).

언론인에게 이처럼 촌지를 주는 관행은 광고주들 입장에서 언론과 좋은 관계를 맺고 유지해 간다는 맥락에서 이루어졌다. 당시 기업인들 사이에는 언론과 좋은 관계를 맺어 나가는 것이 매우 필요하며 사업상 여러 가지 이득을 볼 수 있다는 인식이 널리 유포되어 있었다. 〈프로피터블 애드버타이저〉는 지면을 통해 "만일 철도 회사가 언론인과 친분 관계를 유지한다면 그 언론인이 철도에 해가 될 기사를 쓸 리는 만무하다. 이처럼 언론인과 친분이 있으면 비록 작은 회사라 하더라도 손해 볼 일이 없으며 매우 큰 이득을 가져다 줄 수도 있다"고 주장하였다 (*Profitable Advertiser*, 1899. 6. 15: 69~70, Baldasty, 1992: 73 에서 재인용).

간부들에 대한 촌지

이러한 촌지는 언론인을 대상으로 하였을 뿐만 아니라 때로는 경영진이나 그 관계자를 대상으로 이루어지기도 하였다. 언론의 관행상 일선 기자와 좋은 관계를 유지하여 그 기자가 유리한 기사를 써 주더라도 데스크의 게이트키핑 과정에서 배제되는 수도 있었기 때문이다. 이럴 경우에는 경영진이나 그 관계자들에게 촌지를 주는 것이 효과적이라고 인식되었다. 〈프린터스 잉크〉(1894. 12. 5: 26)는 "공짜 광고를 확보하기 위해서는 신문사의 경영진을 통하는 것이 더 효과적"

이라고 주장하였다. 이처럼 당시 촌지는 기자뿐만 아니라 언론사 내부의 역학 관계 속에서 다층적으로 이루어졌다.

　이러한 사실은 당시 미국 언론이 상업화 과정을 거치면서 경영권이 편집권에 우선했음을 보여 준다. 일반적으로 언론이 상업화의 길을 걷게 되면 경영과 편집이 분리되기 시작한다. 이 과정에서 이윤 추구가 주된 목적으로 부상하면서 경영권이 편집권에 우선하는 경향이 나타나는 것이다. 19세기 말과 20세기 초 미국의 언론이 바로 이러한 단계에 있었음을 보여 준다고 하겠다.

(2) 위장 광고

위장 광고란 무엇인가?

자본주의 언론에서 광고란 필수적이다. 특히, 상업화 이후 광고는 자본주의 언론의 수입 구조에서 절대적인 부분을 차지하게 되었다. 그러다 보니 이윤을 목적으로 하는 언론사들은 수단과 방법을 가리지 않고 광고의 양을 최대한 확보하려는 것이 일반적이다. 또한 광고주들 입장에서는 어떠한 수단과 방법을 동원해서라도 소비자들에게 효과적으로 소구할 수 있는 방법을 찾게 마련이다. 이러한 양자 간의 이해 관계가 맞아떨어지면서 당시의 제도적 틀 속에서 만들어진 교묘한 형태가 바로 위장 광고이다.

　언론 촌지 관행이 개인적 차원에서 은밀하게 이루어졌다면 보다 공공연한 형태로 이루어진 것이 바로 위장 광고다. 요즘의 한국 신문에서도 교묘하게 기사 형식으로 작성된 광고를 볼 수 있다. 기사 형식으로 편집되어 있어 얼핏 보면 기사로 오인하기 쉬우나 그 면 맨 꼭대기 귀퉁이에 보면 '전면 광고' 등으로 표시를 해 놓은 경우가 많다. 이러한 형식의 뿌리를 바로 이 시기 미국 언론에서 찾을 수 있다.

위장 광고란 광고주로부터 돈을 받고 광고주가 원하는 내용의 기사를 써 주면서 이를 광고면에 싣는 것이 아니라 칼럼이나 기사의 형태로 게재하는 것을 말한다. 당시에는 이것이 광고임을 알려 주는 아무런 표지도 없었다. 따라서 진짜 기사와 형식상 아무런 차이가 없었던 것이다. 독자들로서는 혼란스러울 수밖에 없었다.

이처럼 기사나 논설 형태를 가장한 광고들은 광고면에 게재되는 정규 광고보다 독자들에게 읽힐 가능성이 더 크며 독자들에게 더 큰 영향을 줄 수 있다고 인식되었다. 따라서 광고주들도 선호하였으며 광고 수입을 올리기에 혈안이 되어 있던 많은 발행인들은 정규 광고 요금보다 훨씬 더 많은 돈을 주는 이 형태를 기꺼이 받아들였던 것이다(Lawson, 1993: 26).

초기의 위장 광고

광고주와 신문의 입장이 맞아떨어지면서 생겨난 위장 광고는 널리 유포되어 19세기 후반에는 신문의 기사나 칼럼면이 이러한 위장 광고로 넘쳐나게 되었다. 초기에는 위장 광고의 내용이 너무나 노골적이고 거칠었다. 그래서 누가 봐도 제대로 된 기사가 아님을 금방 눈치챌 수 있을 정도였다고 한다. 이 위장 광고들은 대개 제목에서부터 상품이나 판매자 혹은 상점의 이름이 들어가는 경우가 많았는데, 예컨대 "담뱃재 속의 하바나"라는 제목의 기사는 쿠바산 시거를 피우는 즐거움을 이야기하는 것이었다. "세바스톨을 잡아라"라는 제목의 기사는 이른바 '고가高價와의 전쟁'을 선포하고 양파를 주변의 다른 가게보다 2개당 25센트 더 싸게 파는 상점 주인 세바스톨을 홍보하는 내용이었다.

특히 제약 회사에 관한 기사들 가운데는 이러한 종류의 허위 기사들이 넘쳐났다. 한 평자는 "이러한 문장들을 사실로 받아들일 만큼 어리석은 사람은 많지 않을 것이다"라고 말할 정도였다고 한다 (Lawson, 1993: 26~7).

보다 세련된 위장 광고

위장 광고가 보편화되면서 이를 보다 세련되게 하는 방법들이 고안되었다. 심지어는 광고 편람들은 위장 광고를 어떻게 하면 보다 효율적으로 이용할 수 있는지에 대한 지침을 제시해 주기도 하였다. 예를 들면 앞에서도 거론한 바 있는 《파울러스 퍼블리시티》는 판촉을 뉴스 기사처럼 위장하는 방법을 권유했다. 이 책을 엮은 나다니엘 파울러 Nathaniel Fowler 는 "자기 홍보는 누구나 그것을 알아차릴 수 있더라도 가치가 있다"면서 "그러나 뉴스와 정보를 뒤섞어서 진짜 기사처럼 만들면 더 큰 효과가 있다"고 말하였다. 나아가서 그는 기사형 광고를 작성하고 편집할 때의 세부적 기법들까지 광고주들에게 제시하였다. 예컨대 상품이나 판매자를 유명한 이름과 연계시키고, 광고되는 상품의 판매량 등 통계 수치를 사용하여 그 기사형 광고를 마치 시사 칼럼처럼 보이게 꾸밀 것 등이었다(Lawson, 1993: 26~7).

광고업계지들도 어떻게 하면 기사형 광고를 보다 매력적이고 효과적으로 만들 수 있는가를 제시하였다. 그 중에서 새로운 수법이라 할 만한 혼합형 위장 광고, 즉 여러 가지 상품을 하나의 기사에서 한꺼번에 홍보하는 방법도 동원되었다. 다음의 사례는 〈페임 Fame〉이라는 잡지가 제시한 것으로서, 하나의 위장 광고에서 간접적으로 홍보되고 있는 상품이나 상점의 갯수가 13개에 이른다(*Fame*, 1897, 6: 153, Lawson, 1993: 28에서 재인용)

한 시민의 사고

어제 저녁 우리의 존경스러운 이웃이며 부유한 옥수수 상인인 크로스그레인 씨는 ― 인근 지역에서 가장 좋은 물건을 가장 싼 가격에 판다 ― 시내 중심가의 번잡한 거리를 걷고 있었다. 그는 커다란 직물류 가게인 테이프 브러더스에서 벌어지는 거래를 구경하려 했다. 그런데 갑자기 인도에서 미끄러져 넘어져서 무언가에 끌리면서 잠시 정신을 잃었다. 그는 누군가에 의해 캐비넷의 유명한 가구점으로 옮겨져서는 10달러짜리 신형 소파 침대에 가만히 눕혀졌다. 누군가가 인근의 유명한 약사인 스퀼스 씨의 가게로 달려갔다. 스퀼스는 즉각 선반에서 플롱크의 회복제를 한 병 꺼내 주고는 그가 지난 주 심즈에서 산 멋진 오버코트도 내 주었다. 사고 현장으로 돌아온 그 사람은 먼저 자신의 손목에 차고 있는 존스 시계를 이용해 크로스그레인 씨의 맥박부터 확인해 보았다. 그리고는 회복제를 먹이고는 스미스의 마차 대여업소에 사람을 보냈다. 이 마차를 타고 크로스그레인 씨는 자신의 품격 있는 거처인 엠마뉴엘 허긴스(그는 쾌적한 지역의 집을 40달러에서부터 임대해 준다)의 위생적이고 잘 건조된 모래가 깔린 집으로 돌아왔다. 래스트의 유명한 6달러짜리 뾰족 구두인 오른쪽 신발을 벗으면서 그는 그제야 자신이 발목을 삐었다는 사실을 알았다. 그는 곧 유명한 외과 의사인 스플린트 박사를 불렀다. 스플린트는 바로 렐리의 효과 좋은 연고제를 발라 주었다. 크로스그레인 씨는 금방 좋아졌다. 그리고 나서야 그는 자신이 사고를 당하면서 실크 모자를 잃어버렸다는 사실을 알고는 안타까워했다. 그 모자는 톡스의 상품으로서 평소 10달러를 주어도 안 바꿨던 것이다.

한 시민의 사고를 보도하는 기사 형식을 취하면서 간접적으로 여러 개의 상품과 상점을 긍정적 묘사 어구로 광고하고 있다. 어찌 보면 절묘한 방식인 것 같으면서도 별다른 뉴스 가치가 없는 것을 기사처럼 쓰고 있다는 사실이 그야말로 어처구니가 없다.

광고주들의 비위 맞추기에 급급한 발행인들은 정규 광고보다 더 많은 수입을 올려 주는 '준비된' 논설 *canned editorials*과 기사를 받아들이기 위해 결국 광고 대행사와 협력하게 되었다. 남태평양 철도 회사의 한 간부는 1894년 캘리포니아 신문 협회의 회원들에게 뉴욕에서는 어느 신문이나 다 위장 광고를 받아 준다고 자랑하였다. 예를 들면, 허스트의 〈뉴욕 저널 *New York Journal*〉은 극장에 기사형 광고를 달라고 공개적으로 간청하기도 했다. 허스트의 전기 작가는 "1000달러만 주면 〈뉴욕 저널〉지에 전면 광고와 논설 하나를 살 수 있다는 사실을 뉴욕의 극장 경영자들은 모두 알고 있었다"고 말할 정도였다.

〈뉴욕 트리뷴〉지의 사사社史는 이 신문이 뉴스면을 통해 철도, 광산, 부동산 회사들을 자주 홍보했다고 밝혔다. 역사학자 앨런 네빈스 Allen Nevins가 조사한 바에 따르면 〈뉴욕 포스트 *New York Post*〉도 마찬가지로 뉴스면에는 위장 광고를 게재했지만 논설란에는 싣지 않았다고 한다.

이렇게 위장 광고가 흔해지다 보니 신문사 내에 이를 위한 전담 부서를 설치한 사례도 있었다고 한다. 1892년 〈저널리스트 *Journalist*〉의 기사에 의하면 〈뉴욕 월드〉는 기사형 광고 전담 부서를 따로 두고 회사 빌딩 11층에 널찍한 사무실을 배치하여 "위대한 근대 신문의 매우 중요한 임무를 수행하게끔 했다"고 한다.

이러한 광고 기법을 날카롭게 비판하던 〈뉴욕 타임스〉마저도 마침내 1896년에는 벨 전화 회사로부터 1200달러를 받고 이 회사가 써 준 4단짜리 경제 기사를 접수하게 되었다. 후에 의회의 위원회 증언에서 편집장 조지 존스 George Jones 는 〈뉴욕 타임스〉 뉴스면에 위장 광고를 게재한 사실을 인정하였다. 그러나 그는 그 기사에서 회사 이름에 별표 세 개를 붙임으로써 그것이 광고라는 것을 표시하려 했다고 변명했다. 존스가 말한 또 다른 기사 "뉴욕의 성장과 미국 대도시의 상업 발전"도 실제로는 광고였는데, 96개의 기업들이 등장하며 모두 별표가 붙어 있었다 (Lawson, 1993: 29∼30).

기사를 통한 광고의 메커니즘

위장 광고 수법은 갈수록 교묘해졌다. 광고주들은 보다 정교한 방법을 찾다 보니, 외신 형태의 위장 광고를 고안해 내기에 이르렀다. 이와 같은 형태의 광고물을 작성해 주고 유료로 판매하는 업소들도 생겨날 정도였다고 한다. 외신 형태의 기사형 광고는 급속히 퍼져 〈저널리스트〉가 지적한 대로 "가장 최신의 가장 효과적인 광고"로 평가될 정도였다. 외신 기사는 다른 어떤 기사보다도 주목도와 열독율이 높은 기사였기 때문이다. 한 신문의 편집장은 이러한 위장 광고들이 어떻게 교묘하게 뉴스면에 자리하게 되는가를 다음과 같이 설명하였다. 연속적으로 위장 광고가 게재되면서 정규 광고로까지 이어지는 메커니즘을 귀담아 들을 필요가 있다.

우리 모두가 알고 있듯이 지면 편집에서 위장 광고는 뉴스면에 들어가서 다른 뉴스들에 파묻힌다. 그렇다면 어떻게 이를 구별해 낼 수 있는가? 우리 신문에서는 구별할 방법이 없다.

어느 날 신문에 외신 형식의 위장 광고가 실렸다고 하자. 그 뉴스는 애리조나 소식으로서 정상적인 뉴스처럼 제목도 달려 있다. 기사 내용은 엄청난 매장량을 지닌 새로운 금광이 발견되었다는 것이다. 그게 전부다. 그러나 아직은 이거면 충분하다. 씨는 뿌려졌다. 그 다음 일요일쯤 우리의 광고 담당 매니저는 바로 그 애리조나 금광의 반 페이지짜리 광고를 물고 올 것이다. 그 광고는 사람들에게 자본 참여를 권한다. 1년 안에 최소 20%에서 최대 100%의 이익을 보장하며 그 후로도 엄청한 수익을 올릴 수 있다고 제시한다.

금광 이야기는 여기서 끝나는가? 아니다. 반 페이지 광고를 자세히 읽어 보면 그 광고가 독자들로 하여금 경제면의 금광 주식 관련 기사를 계속 읽게끔 만들고 있음을 알 수 있다. 며칠 뒤에는 애리조나 금광의 주식을 띄워 주는 경제 기사가 실릴 것이다. 그 기사는 진짜 기사와 전혀 다를 바 없다. 그 기사는 옵서버라는 기명으로 정규 지면에 배치된다. 옵서버? 누구인가? 나도 모른다. 단지 그 옵서버는 우리의 광고 대행사가 날마다 보내 준다는 사실만을 알 뿐이다 (Lawson, 1993: 33).

기사를 통해 사실을 왜곡하면서 돈벌이만을 추구하는 상업 언론의 방식이 매우 교묘하게 이루어지고 있으며 지면의 많은 부분을 잠식하고 있음을 잘 말해 주고 있다. 기사를 위장한 광고에서 그치는 것이 아니라 이것과 정규 광고, 그리고 기사가 얽히면서 언론이 돈을 목적으로 특정 광고주를 밀어 주는 관계가 복잡하게 전개되는 것이다.

위장 광고의 만연

당시 미국에서는 이러한 위장 광고가 일부 지역이나 일부 신문에서만 이루어졌던 것이 아니다. 오히려 이 위장 광고를 받지 않는 신문을 찾아보기 힘들 정도로 만연했던 것으로 보인다. 볼데스티에 의하면 중소 도시의 소규모 신문에서부터 대도시의 신문에 이르기까지 이 위장 광고는 어느 신문에서나 찾아볼 수 있는 보편적인 형태가 되었다고 한다(Baldasty, 1992: 67). 유명 신문 가운데 하나인 〈뉴욕 월드〉는 이 위장 광고의 요금을 표준화하였으며 〈시카고 헤럴드 *Chicago Herald*〉도 1880년대 초반부터 정규 기사 사이사이에 위장 광고들이 점철되기 시작하였다는 것이다. 중소 도시의 신문들도 마찬가지였는데, 예컨대 오레건 주의 〈맥민빌 텔레폰 레지스터 *McMinnville Telephone Register*〉 같은 신문도 여러 종류의 위장 광고를 실었다고 한다.

당시 미국의 유명한 언론 비평가이자 저널리스트였던 윌 어윈은 이 위장 광고 문제를 지적하면서 "보스턴의 신문들은 이 수입이 전체 수입의 중요한 부분이 되어 버렸다. 그 내용이 명백하게 공중도덕에 위배되거나 신문의 방침과 어긋나지 않으면 어떤 기사도 1줄에 1달러면 끼워 넣을 수 있다"고 말하면서 이러한 행위는 절도나 다름없는 것으로서 "신문이 독자들에게 제공하는 세계에 대한 인식을 심하게 왜곡시킨다"고 비판하였다(Irwin, 1911: 25).

오히려 이를 수용하지 않는 신문을 찾아보기가 힘들 정도였는데, 보스턴의 경우, 모든 신문들이 이 위장 광고를 수용하였고 〈보스턴 헤럴드〉만이 다른 기사와 위장 광고 활자를 다르게 게재하였다고 한다. 나머지 다른 신문들은 활자도 똑같은 것을 사용했다는 말이다. 〈보스턴 헤럴드〉는 1줄에 2달러씩 최소 50줄을 기본으로 위장 광고를 받았다고 한다(*Profitable Advertiser*, 1892. 12. 15: 206, Baldasty, 1992: 68에서 재인용).

위장 광고에 대한 비판

위장 광고가 언론계 및 독자들에게 미친 악영향은 매우 컸다. 이는 독자들에 대한 기만 행위라고 해도 지나침이 없을 것이다. 실제 이러한 비판이 이루어졌음을 당시의 잡지 지면들을 통해서도 확인할 수 있다. 사우스캐롤라이나 찰스턴에 사는 J. L.웹 J. L. Webb이라는 사람은 〈프린터스 잉크〉(1890. 1. 15: 262)에 기고한 글에서 위장 광고는 독자를 기만하고 그들의 돈을 사취하는 것이라고 비판하면서 "언론의 윤리가 보다 강조되는 시점에서 발행인들은 이를 받아들이면 안 된다"고 주장하였다. 위장 광고를 독자에 대한 기만으로 규정하면서, 윤리가 강조되는 언론으로서는 받아들여서는 안 될 것이라는 강한 비판이다.

위장 광고에 대한 비판적 인식을 바탕으로 이를 규제해야 한다는 불만의 목소리도 생겨났다. 일부 기업인들은 신문들이 이러한 위장 광고로 어지럽혀진다고 불평하면서 "이러한 관행으로 정직한 광고주들이 손해를 입는다면 누가 광고면을 돈 주고 사겠는가"라고 반문하였다. 일부 독자들은 구독을 중단하기도 했다. 그들이 내세운 이유는 "나와는 전혀 관계도 없는 것들을 읽지 않을 수 없게 만드는 함정이 너무 많다"는 것이었다.

비평가들도 이러한 관행에 대해 비판의 목소리를 높였다. 업계지 〈저널리스트〉 역시 이러한 기사형 광고를 싣고 있음에도 불구하고 이것이 번성해 가는 것에 대해 우려를 표명하였다. 이 잡지는 1891년

〈클리블랜드 플레인 딜러 *Cleveland Plain Dealer*〉가 수많은 광고와 돈을 받고 쓴 기사로 넘쳐 나 지면이 엉망이 되어 버렸다고 비판했다. 한 달 뒤 또 다른 칼럼니스트는 〈저널리스트〉 지면에 발표한 글을 통해 "지난 주 〈그래스 밸리 타이딩스 *Grass Valley Tidings*〉에 실린 논설들은 모두 제약 회사를 광고하는 것이었다. 도대체 우리가 무엇이 되려고 이러는지 모르겠다"고 심각한 우려를 표명하였다(*Journalist*, 1891. 6. 13: 12, Lawson, 1993: 31에서 재인용).

이처럼 위장 광고가 인기를 끌자 어떤 작가들은 이러한 관행을 풍자하기 시작했다. 예를 들면 〈시카고 뉴스 *Chicago News*〉의 한 기자는 철도 회사를 위한 기사형 광고를 빗대어 다음과 같이 조롱했다.

1. 사장이나 전무, 이사의 장점(그것이 사실이든 아니든)을 처음 다루어 주는 데는 1줄에 2달러씩, 그 다음부터는 1줄당 1달러씩이다.
2. 잘 다듬어진 언어로 때로는 불어도 구사하고 시구도 인용해 가면서 하는 자기 선전(누가 봐도 알 수 있는 정직한 열정으로 가득 찬)은 1줄에 2달러 50센트, 두 번째부터는 50센트씩 깎아 준다.
3. 일반 승객 담당이나 지역 감독관에게는 1번 원칙의 반액으로 해 준다. 하지만 특별한 경칭을 붙여 줄 때는 할인 없이 1등석 요금을 그대로 다 받는다.
4. 표준 요금대로 광고를 하면 2센트에 1마일씩 주는 마일리지 티켓을 1000마일 받게 될 것이다. 이 티켓은 사람뿐만 아니라 화물에도 쓸 수 있다.
5. 실어 주기 원하는 기사를 가져오면서 5센트짜리 시거를 건네 주는 사람들에게는 할인 없이 표준 요금을 그대로 다 받는다.
6. 철도 회사 직원들의 부인이나 자녀를 광고하고 싶으면 1줄에 1달

러 50센트. 이 목적에 언제라도 바로 쓸 수 있는 멋진 문구들을 우리는 항상 준비하고 있다.

7. 인치당 3달러만 내면 멋진 시도 만들어 줄 수 있다. 우리는 멋진 운율의 시구들을 항상 구비하고서 1000마일 티켓과 언제라도 바꿀 수 있다. 특별 요금만 내면 멋진 풍경과 식당차 등에 관한 묘사가 포함된 서사시도 만들어 줄 수 있다.

8. 만일 그 기사를 막으려는 총감독이 있다면 10달러만 가져오면 된다. 이것은 실어 주는 대가가 아니라 그의 건강을 보증하기 위한 것이다(Lawson, 1993: 31~2).

이처럼 돈받고 원하는 대로 기사를 써 주는 위장 광고의 관행이 풍자의 대상이 될 만큼 성행했다. 이 정도로 20세기 초 미국의 언론은 상업화의 부작용이 심각했음을 알 수 있다.

위장 광고 규제를 위한 언론계의 자정 노력

위장 광고를 만연시킨 당사자인 언론인들 사이에서부터 자정 노력이 이루어졌다. 초창기라 할 수 있는 1870년대부터 이미 언론인들 사이에는 뉴스와 논설 지면을 돈 받고 광고주에게 파는 것에 대해 반대하는 움직임이 나타났다. 어떤 이는 위장 광고를 게재하는 간행물에서는 일하지 않겠다고 한 사람도 있었다. 1871년 워싱턴 글래든 Washington Gladden은 대표적인 종교 주간지 〈인디펜던트〉의 편집장직을 사임하였다. 그의 사임 이유는 이 잡지에 게재되었던 3개의 기사 — 보험과 경제, 그리고 발행인 공지 사항 — 가 1줄에 1달러씩 받은 명백한 광고임에도 불구하고 대다수 독자들이 기사처럼 착각하게 편집·인쇄되었기 때문이라는 것이다.

19세기 후반으로 접어들면서 발행인과 편집인들은 다른 업계들과 마찬가지로 공동의 관심사를 논의할 수 있는 업계 조직을 만들었다. 위장 광고의 정당성을 비롯한 광고의 문제가 곧 토론의 초점이 되었다. 위스콘신의 편집인 협회는 이미 1858년에 "우리는 오늘날 만연한 무분별한 자기 선전 — 유료든 무료든 — 이 잘못된 것이라는 사실을 인정한다. 이러한 기사형 광고는 진실을 희생시키며 공중들에게 해를 끼친다"고 선언하였다. 이를 통해 우리는 위장 광고가 상업화의 초기부터 존재했음을 알 수 있다.

〈신시내티 커머셜 Cincinnati Commercial〉의 무랫 홀스테드 Murat Halstead 는 1874년의 캔터키 주 언론 협회 모임에서 위장 광고를 게재하는 것을 강도 높게 비난하였다. "돈을 받은 기사는 그 사실을 은폐한 채 인쇄되어서는 안 된다"면서 "언론들이 이러한 원칙을 불변의 원칙으로 천명하고 확립한다면 엄청나게 골치 아픈 혼란이 사라질 것이다"라고 홀스테드는 주장하였다. 7년 뒤 사우스캐롤라이나 언론 협회의 모임에서 한 발언자는 제약 회사의 광고를 기사처럼 게재한 발행인들을 호되게 비난하였다. 이러한 관행은 "편집장이 어떤 약의 효능에 대해서 아무것도 모르면서 그 약효를 보증하는 확인서에 서명하는 것처럼 독자들을 속이는 것이나 마찬가지 결과를 가져온다"는 것이다.

미네소타 발행인 및 편집인 협회에서도 1885년 회의에서 한 참가자가 업계의 이미지를 제고하기 위해 기사면과 광고면을 '분명하게 구분'하자고 회원들에게 촉구하면서 이 문제가 거론되었다. 〈뉴욕 선〉의 소유주인 찰스 대너 Charles A. Dana 는 1888년에 앞서 지적한 위스콘신 편집인 협회의 입장을 재천명하였다. 그는 언론인들에게

"돈받은 광고를 기사처럼 인쇄하지 말 것"을 촉구하였다. 광고가 잘못된 깃발을 달고 항해를 해서는 안 된다는 것이었다.

그러나 이런 일부 회원들의 문제 제기에도 불구하고 미국 신문 발행인 협회와 전국 편집인 협회는 위장 광고의 문제에 대해 그다지 적극적이지 않았다. 이 문제에 관해 논의를 하였음에도 불구하고 이 단체들은 이에 대해 아무런 공식적 입장도 취하지 않았다. 1891년 전국 편집인 협회 회장은 "단지 광고만을 목적으로 하면서도 기사 형식으로 위장하여 장광설을 늘어 놓은 기사들을 게재함으로써 독자들을 기만"하는 관행에 대해 강도 높게 비판하였다. 그러나 대부분 주간지 발행인들로 구성된 회원들은 이 관행을 비난하는 데 동의하지 않았다.

미국 신문 발행인 협회 집행부도 이 위장 광고에 대한 반대 입장이 그다지 강력하지 않기는 마찬가지였다. 대부분 일간지 발행인들로 구성된 이 협회는 1890년대 동안 광고와 관련된 문제들을 논의하면서 오히려 이 위장 광고의 장점과 효율적 이용 방법에 대해 논의하곤 했다. 예를 들면 1890년 모임에서 한 회원은 광고주들이 기사 형식의 지면을 요구하면서 요금은 많이 지불하지 않으려 할 때 어떻게 대처하면 좋은지 조언을 구하였다. 분명 그는 광고를 기사나 논설처럼 편집하는 것의 윤리적 차원에 관심이 있는 것이 아니라 금전적 보상에만 관심이 있었던 것이다. 이 단체들이 위장 광고 문제에 적극적이지 않았던 것은 회원들 대부분이 관행적으로 받아들이고 있는 데다가 자신들에게 커다란 수입이 되기 때문이었던 것으로 분석할 수 있겠다.

20세기에 들어오면서 언론에서 뉴스나 논설로 위장한 광고를 몰아 내기 위한 집단적인 노력이 시작되었다. 〈시카고 데일리 뉴스〉

의 빅터 로슨 Victor Lawson 이나 〈뉴욕 타임스〉의 아돌프 S. 옥스 Adolph S. Ochs 같은 언론인들은 자신들의 행위를 윤리적인 관점에서 설명하려 하였다. 위장 광고는 공중의 신뢰를 해친다는 것이다. 이를 재정적인 관점에서 주장했던 언론인들도 있었다. 광고와 기사를 구분하여 독자들의 신뢰를 회복하는 것이 장기적으로는 경제적인 관점에서도 유리하다는 것이었다.

이러한 과정을 거치면서 뉴스나 칼럼의 형식을 취한 광고에는 명백한 표식을 달자고 주장하는 언론인들의 숫자가 점차 늘어나게 되었다. 1900년대 초에 발행된 신문 가이드조차도 발행인들에게 기사형 광고는 "분명한 표식을 다는 것이 아니라면 받지 말라. 이것은 독자들에게 아무런 도움도 되지 않는다"고 경고할 정도였다. 편람도 마찬가지로 기사형 광고에 약자로 광고(adv.)라고 표시하거나 별표 혹은 십자 표시를 하기 시작한 신문들을 칭찬하였다. 캔자스 편집인 협회는 1910년 최초의 윤리 강령을 채택함으로써 이러한 관행에 경종을 울렸다. 이 강령은 "기사면에 배치되는 광고는 그 맨 위나 아래에 '광고' 혹은 그 약자로 표식을 달아야 한다"고 언급하고 있다.

그러는 동안 일부 광고 대행사와 기업들도 역시 위장 광고의 정당성에 대해 재평가하기 시작하였다. 한때는 가장 효과적인 형태의 광고로 간주되었지만 1900년대 초반에 들어서면서 위장 광고의 인기도 떨어지기 시작하였다. 개혁주의자들도 이를 잘못된 광고의 압축판, 즉 사기와 오도, 기만, 그리고 거짓으로 가득 찬 것이라고 공격하였다. 이러한 비난의 타당성을 인정하고 광고주들도 위장 광고의 해독에 대해서 논의하기 시작하였다. 주요 대도시들에는 기만 광고의 폐해를 널리 알리기 위해서 정책팀이 구성되었다. 업계지 〈프린터스 잉크〉는 1911년 기만 광고를 불법적인 것으로 규정하는 입법을 성사시키기 위해 주 의회를 상대로 로비하였다(Lawson, 1993: 38~43).

PR의 등장과 위장 광고의 쇠퇴

이러한 자정 노력이 일부 효과를 가져오기도 하였지만 위장 광고의 관행은 좀처럼 사라지지 않았다. 그만큼 오랫동안 언론계에 뿌리 깊게 자리한 관행이었으며 손쉽게 돈을 벌 수 있는 방법으로서 발행인과 광고주 쌍방 모두에게 장점을 지닌 것이었기 때문이다. 기업과 언론의 세계에서 위장 광고를 사라지게 만든 보다 중요한 계기는 바로 PR의 등장이다.

기업들은 진짜 뉴스에서 그들의 상품과 서비스를 광고할 수 있도록 언론을 납득시키는 방법을 터득했다. 다시 말해 기사를 제공하는 것이 아니라 언론이 관심을 가지고 기사를 쓸 수 있도록 '기사거리'를 제공함으로써 언론으로 하여금 쓰지 않을 수 없게 만드는 보다 고차원의 방법이 만들어지기 시작했다는 것이다. 도덕적으로 별다른 하자도 없고 비난받을 염려도 없으며 '기사거리'만 되면 별도의 돈을 주지 않아도 되는 방법이기에 광고주들에게는 더 매력적일 수 있었다. 똑같은 메시지를 별도의 비용 없이 보다 정통적인 방법으로 전달할 수 있게 되자 돈 내고 하는 위장 광고인 기사형 광고의 인기가 자연스레 떨어지게 되었다.

3) 발행 부수 속이기

(1) 우스갯소리에 등장한 발행인

한 편집인이 죽어 가고 있었다. 그러나 의사가 그의 심장에 귀를 대자 슬프게 중얼거리는 소리가 들렸다. "불쌍한 친구, 발행 부수가 거의 다 날아갔어!" 갑자기 벌떡 일어나며 숨찬 목소리로 말했다. "그건 잘못된 거야! 우리는 전국 최고의 발행 부수를 자랑하고 있어." 그리고는 다시 자리에 누워 조용히 숨을 거두었다. 이로써 그의 발행 부수 속이기도 막을 내렸다(Lawson, 1993: 45).

이 이야기는 1800년대 후반 많은 신문들이 공표했던 발행 부수 자료가 얼마나 엉터리인가를 보여 주는 것으로 당시 언론사와 광고 대행사에 널리 유포되었던 이야기라고 한다. 당시 미국 사회에서는 언론사 발행인들이 시중에 유포되는 우스갯소리의 주인공으로 자주 등장하곤 했던 것 같다. 다음의 이야기도 19세기 후반 미국 사회에서 회자되던 우스갯소리의 하나이다.

미국에는 절대 진실을 말하지 않는 다섯 부류의 사람이 있다. 그들은 정치인과 낚시꾼, 연인, 나이를 말할 때의 여성, 그리고 발행 부수를 말할 때의 발행인이다.

이 말은 미국 광고주 협회(Association of American Advertisers) 회장 버트 M. 모지스Bert M. Moses가 발행 부수를 속이는 발행인들을 풍자하면서 시중에 떠도는 말이라고 소개한 것이다(*Editor & Publisher*, 1912.

7. 27: 13) . 위의 두 사례에서 알 수 있듯이 발행 부수 속이기는 19세기 말과 20세기 초 미국 사회에서 일반 시민들 사이에 우스갯소리로 빈번하게 등장했던 것 같다. 이러한 사실은 당시 미국 사회에서 발행인들이 발행 부수를 속이는 관행이 매우 심하게 퍼져 있었으며, 그 속이는 정도가 누가 봐도 다 알 수 있을 만큼 우스꽝스러운 상태였다는 것을 말해 준다. 그렇기 때문에 이처럼 우스갯소리들이 만들어지면서 풍자의 대상으로까지 등장했던 것이리라.

(2) 왜 발행 부수를 속였는가

19세기 중엽 페니 프레스의 출현은 미국 신문의 경제 구조에 근본적인 변화를 가져왔다. 과거 신문들의 재정적 기초는 정치적 후원에 주로 의존하였지만 이 때부터는 많은 발행 부수를 필요로 하게 되었다. 이를 통해 구독료 수입을 올리려는 것뿐만 아니라 보다 많은 광고를 유치하기 위한 것이었다. 발행인들은 제지업의 발달로 종이의 대량 생산이 가능해져 종이값이 싸지자 발행 부수가 많으면 많을수록 기업은 광고하고 싶어할 것이고, 따라서 높은 이윤을 올릴 수 있으리라 생각하게 되었다. 자연히 언론계에서는 여러 수준의 경쟁이 치열하게 전개되었다. 페니 프레스와 전통적 신문들 사이의 경쟁을 필두로, 일간지와 주간지의 경쟁, 도시 지역 언론과 농촌 지역 언론의 경쟁, 대중지와 전문지의 경쟁, 그리고 가장 치열했던 신문과 잡지의 경쟁이 전개된 것이다.

이렇게 해서 한정된 독자 시장을 놓고 더 많은 수의 독자를 차지하려는 언론들의 치열한 쟁탈전이 시작되었다. 발행인들은 여러 측면에서 이 경쟁을 뒷받침하였다. 특별 선물을 주거나 무가지를 뿌리고, 퍼블리시티를 교묘히 이용하여 독자를 끌어모으거나, 선정적인 기사를 늘리고, 심지어는 독자들에게 생명 보험을 들어 주는 것까지 수단과 방법을 가리지 않고 그 지역에서 최고의 발행 부수를 확보하려 했다(Lawson, 1993: 46).

한편 간행물의 발행 부수는 광고주의 입장에서도 매우 중요하고도 필수적인 정보였다. 이들은 자신들의 제품을 효과적으로 광고하기 위해서는 특정 간행물 독자층의 규모와 특징 등의 정보를 정확히 알아야만 했다. 그리하여 1890년대에 들어오면 대부분의 신문들이 광고주들의 요청에 따라 발행 부수를 공표하게 되었다. 그러나 정작 문제는 발표되는 자료들의 대부분이 거짓으로서 실제보다 훨씬 더 많은 숫자로 부풀려졌다는 데에 있다(Smythe, 1986: 170~1).

너나 할 것 없이 거의 모든 신문들이 이처럼 발행 부수를 실제보다 훨씬 많은 것으로 거짓 공표했던 것이다. 이처럼 거짓으로 부풀려서 발표해도 아무런 제재도 따르지 않았으며, 이렇게 하는 것이 보다 많은 수익으로 직결된다고 믿었기 때문이다. 일부에서 시작된 이러한 관행이 경쟁 관계에 있는 다른 발행인들을 자극하여 따라 나서게 만듦으로써 널리 퍼지게 되었고, 자연히 발행 부수를 속이는 관행이 만연하였던 것이다.

(3) 발행 부수 싸움의 실태

발행 부수 싸움은 당시 미국 어느 곳에서도 예외를 찾아보기 힘들 정도였다. 전국 곳곳에서 발행 부수를 둘러싸고 언론사 간에 치열한 경쟁이 전개되었다고 한다. 이제 전국의 주요 도시를 중심으로 벌어졌던 발행 부수 싸움의 실태를 간략하게 정리해 보기로 하자.

뉴욕에서는 〈뉴욕 모닝 저널 *New York Morning Journal*〉이 "뉴욕에서 발행되는 신문 가운데 최대의 발행 부수"라고 주장하는가 하면 동시에 〈뉴욕 데일리 뉴스 *New York Daily News*〉도 "북아메리카 최대의 구독자 수"라고 자랑하였다. 발행 부수 전쟁 가운데서도 1910~4년 시카고에서 있었던 로버트 R. 맥코믹 Robert R. McCormick 의 〈트리뷴 *Tribune*〉과 허스트의 〈이그재미너 *Examiner*〉 및 〈아메리칸 *American*〉 사이에 벌어졌던 것만큼 치열했던 것은 없었다. 배달부가 살해되는가 하면 배달을 고의로 방해하는 사태도 빚어졌다.

밀워키도 발행 부수 싸움이 치열했던 곳 가운데 하나다. 이곳은 너무나 치열해서 1904년 마침내 대법원이 나섰을 정도였다. 고등법원의 평결에 의하면 밀워키의 〈저널 *Journal*〉지가 시내 신문들의 발행 부수 자료를 바로잡자는 캠페인을 벌이자 이에 반대하는 다른 신문들, 즉 〈위스콘신 *Wisconsin*〉, 〈센티널〉, 〈데일리 뉴스〉 세 신문이 공모하여 〈저널〉의 판매 시장과 광고를 잠식해 버렸다는 것이다.

발행 부수를 둘러싼 이전 투구는 로드아일랜드 주 프로비던스에서 최고임을 주장하는 〈텔리그램 *Telegram*〉지를 둘러싸고도 벌어졌으며, 미니애폴리스에서는 최고의 자리를 놓고 〈타임스〉와 〈트리뷴〉이 경합을 벌였다. 오마하에서는 〈월드 - 헤럴드 *World - Herald*〉와 〈비 *Bee*〉 사이에, 그리고 인디애나폴리스에서는 〈스타 *Star*〉와 〈뉴스 *News*〉가 서로 상대방이 공표한 발행 부수에 대해 신랄한 공격을 퍼부으며 경쟁을 벌였다.

캘리포니아에서는 새크라멘토의 〈비〉와 〈레코드 - 유니온 *Record - Union*〉 사이에, 그리고 샌프란시스코의 〈크로니클 *Chronicle*〉과 〈이그재미너〉 사이에, 뉴욕 주 로체스터에서는 〈포스트 익스프레스

Post Express〉와 〈유니온 애드버타이저 *Union Advertiser*〉 사이에, 그리고 신시내티에서는 〈타임 – 스타 *Time – Star*〉와 〈포스트〉 사이에 싸움이 벌어져 다른 두 신문(〈가제트〉와 〈트리뷴〉)이 중재에 나서기도 하였다 (Lawson, 1993: 47~8). 이처럼 미국 전역에 걸쳐 신문들 간의 발행 부수 싸움이 치열하게 전개되었던 것이다.

(4) 발행 부수 속이기의 실태

발행 부수 속이기는 발행 부수를 공개하기 시작한 초기부터 횡행했던 것으로 보인다. 〈프린터스 잉크〉는 "An Honest Circulation"이라는 제목으로 자사의 발행 부수를 정직하게 공표하는 발행인은 찾아보기 힘들 정도라는 비판적인 기사를 실었다(*Printer's Ink*, 1890. 1. 29: 321). 앞에서도 지적한 바 있지만 광고주들의 압력에 의해 1890년대부터는 대다수 발행인들이 발행 부수 공개에 참여하게 되었다. 그렇다면 발행 부수 공개에 많은 신문들이 참여하기 시작한 초창기부터 발행 부수 속이기가 이루어졌다는 말이다.

1911년 미국 광고주 협회 회장인 모지스의 추정에 의하면, 미국 내 수천 개 간행물 가운데 자신의 발행 부수를 있는 그대로 솔직하게 발표하는 곳은 4분의 1일이 채 안 되는 정도라는 것이다(*Printer's Ink*, 1911. 6. 15: 13). 그의 추정에 의하면 자신들의 발행 부수를 부풀려서 발표하는 발행인들이 전체 발행인의 4분의 3을 넘는다는 말이 된다.

발행인들은 "우리 신문은 우리 도시에서 가장 많은 발행 부수를 자랑한다"거나 "우리는 경쟁지들의 발행 부수를 다 합친 것보다도 더 많이 발행한다," "우리 신문은 우리 도시의 공식 기관지이다,"

"우리 신문의 발행 부수는 지난 6개월 동안 25% 증가하였다"는 등의 말을 입버릇처럼 되풀이하였다고 한다(*Printer's Ink*, 1911. 6. 15: 13).

심지어 어떤 신문은 인쇄 능력이 하루에 5만 부도 채 안 되면서 10~15만 부를 발행한다고 주장하기도 했다. 어떤 발행인들은 그들의 발행 부수 계수기를 처음 시작할 때부터 몇 천으로 돌려 놓고 시작하였다고 한다. 또 어떤 발행인들은 이중 장부를 가지고 하나는 내부용으로, 다른 하나는 외부 감사용으로 사용하였다. 심지어 어떤 발행인들은 인쇄업자와 운송 회사에 뇌물을 주어 배달되지 않은 신문과 탁송되지 않은 화물에 대해 거짓 영수증을 만들기도 하였다(Lawson, 1993: 49).

〈프린터스 잉크〉는 발행 부수와 관련하여 발행인들을 세 가지 유형으로 나눌 수 있다고 제시한 바 있다(*Printer's Ink*, 1912. 10. 3: 49). 첫째, 자신들이 실제로 판매한 정확한 발행 부수를 공표하는 유형, 둘째, 진짜 발행 부수를 공개할 의사가 전혀 없는 유형, 셋째, 정확한 발행 부수를 공개하고 싶지만 타사와의 부당한 경쟁 등의 이유로 발행 부수를 속이는 경우다. 이 가운데 첫번째의 정직한 발행인은 소수에 불과하며 나머지는 자발적이든 혹은 남들이 하니까 어쩔 수 없이 분위기에 휩쓸리는 형태든 간에 발행 부수를 속인 사람들이라는 것이다.

이렇듯 너나 할 것 없이 신문 발행인이라면 거의 모두가 발행 부수를 속이는 행태가 일반화되다 보니 일부 발행인들은 자신이 공표한 자료의 신빙성을 높이기 위해 맹서나 선서의 형식을 취하기도 하였다. 그러나 이것도 광고주나 독자들에게 신뢰를 심어 주지는 못했다. 이 맹서나 선서마저도 거짓이 태반이었기 때문이다.

한 평자는 이를 "여러 해 동안 그들(발행인들)은 거짓 주장을 해 왔기 때문에 현재의 것을 입증하려면 과거의 거짓말도 드러날 수밖에 없다. 그렇기 때문에 그들은 계속 거짓말을 할 수밖에 없는 것이다"라고 평하였다. 이러한 경향을 익히 잘 알고 있었기 때문에 "광고주들은 발행인이나 실제 발행 부수는 보급 담당 직원, 인쇄인들이 선서나 맹서를 하고 공증을 받더라도 대개 발행인들이 주장하는 발행 부수의 4분의 1로 받아들이곤 했다"고 1892년 〈내셔널 애드버타이저 *National Advertiser*〉는 말하였다. 이러한 선서가 얼마나 우스꽝스러운 것인가를 조롱하는 다음과 같은 이야기가 널리 회자되었다고 한다 (Lawson, 1993: 48~9).

한 미주리 사람이 말하기를, 최근 자신이 숲 속에 들어가서 한 통나무 밑둥에 검은 동그라미를 그려 놓고는 한 시간 뒤에 다시 가 보니 토끼 300마리가 그 동그라미 안에 죽어 있더라는 것이다. 이 토끼들은 통나무의 검은 동그라미를 구멍으로 알고는 들어가려고 달려들다가 죽었다는 것이다. 그의 이야기가 널리 알려지자 그는 뉴욕의 여러 신문 발행인들로부터 선서 담당 직원이 되지 않겠느냐는 제의를 받았다. 그가 할 일은 그 신문의 발행 부수를 맹서하는 일이었다. 그러나 그는 거부했다. 이유는 자신은 거짓말을 할 줄 모른다는 것이었다.

그야말로 난센스 코미디 같은 이야기이다. 이런 이야기가 사람들 사이에 유행할 정도라면 발행인들에 대한 일반의 신뢰가 어느 정도였는가를 잘 알 수 있다. 그들은 선서의 형식을 빌려 자신들 말의 신뢰도를 높여 보려 했지만 이조차도 거짓으로 점철되면서 발행인들에 대한 신뢰도는 땅에 떨어졌다.

(5) 19세기 말 미국의 배달 제도

당시 미국 사회에서 이처럼 발행 부수 속이기가 횡행했던 사실의 배경에는 발행 부수라는 개념 자체의 문제점에서도 그 원인의 일부를 찾을 수 있다. 즉, 무엇을 발행 부수라 하며 여기에는 어떠한 것들을 포함시켜야 하는지에 대해 명확한 규정이 없었다는 사실도 혼란이 빚어지는 데 일정한 기여를 했다는 말이다.

이 문제를 논하기 위해서는 우선 당시 신문의 보급 제도를 살펴볼 필요가 있다. 19세기 중반까지 도시 지역 일간지의 발행인들은 두 가지 유형의 보급 제도 중 하나를 선택해 왔다. 그 두 가지 가운데 첫번째는 런던형의 도매 방식으로서 신문을 도매상에게 넘기면 이 도매상이 구독자들에게 판매하는 방식이다. 두 번째는 필라델피아 소매 방식으로서 신문사가 직접 구독자들에게 판매하는 방식이다. 런던 방식은 대도시의 신문 발행인들에게는 경제적이고 효율적인 방식이었지만 구독자 수에 대한 정보가 부족하기 때문에 광고주들에게 정확한 발행 부수 자료를 제공할 수가 없었다. 19세기 후반으로 오면서 이들 신문 발행인들은 배달 회사에 신문을 넘겨서 이를 통해 중간 도매상과 소매점에 배급하였다. 대도시 이외의 지역 신문 발행인들은 필라델피아 방식을 선호하였다. 그러나 이 방식은 신문 보급 업무를 담당하는 직원을 따로 고용해야 했다 (Lawson, 1993: 18).

당시의 구독 요금은 대부분의 주간 신문들은 연 1달러, 일간 신문은 우편으로 받아 볼 경우 연 3달러, 배달해 줄 경우는 연 5달러 정도였다고 한다(Thorpe, 1915: 304). 우편으로 받는 경우 직접 배달하는 가격의 60% 정도로 매우 싼 요금이었다. 이처럼 당시 미국의 신문 보급 제도는 도매상을 통한 배포 방식과 독자들에게 직접 판매하는 소매 방식이 공존하는 이원적 제도였다.

(6) 발행 부수 개념상의 혼란

이러한 이원화된 당시의 신문 보급 제도는 발행 부수의 개념 자체와 산출 방식에서 혼란을 불러일으키는 요인이 되었다. 발행 부수란 인쇄 부수, 판매 부수, 배달이나 정기 구독 부수 가운데 무엇을 의미하는가? 판매되지 않고 도매상에 반품되는 것은 어떻게 해야 하는가? 무료로 보급되거나 판매 촉진을 위해 배포되는 부수는 어떻게 할 것인가? 이것들도 발행 부수에 포함시켜야 하는가? 이러한 문제들이 발행 부수 개념을 둘러싸고 혼란을 빚은 요인들이었다.

신문 발행인들과 광고주, 그리고 관련 업계 단체들은 이 문제에 관해 여러 해 동안 논쟁을 벌여 왔다. 〈프린터스 잉크〉 같은 잡지에서는 1890년대부터 도대체 발행 부수란 무엇을 말하는가에 대해서 여러 차례 다루었다. 예컨대 1889년 12월 14일자(p.192)의 "What is Circulation"이나 1890년 1월 29일자에 실린(p.321) "Honest Circulation," 1911년 6월 15일자(p.13)의 "Smoking Out Hidden Circulation" 등이 대표적인 예이다. 한편 〈에디터 앤드 퍼블리셔〉도 1912년 7월 27일자 "What is Circulation"이라는 제목의 기사를 통해 발행 부수 개념을 둘러싼 혼란상을 논하고 있다.

하지만 좀처럼 합의점을 찾지는 못하였다. 뒤에서 다시 얘기하겠지만, 신문 공개법이 제정되어 시행에 들어가고 난 이후에도 발행 부수의 개념을 둘러싸고 많은 논의와 혼란이 빚어질 정도였다.

(7) 발행 부수 속이기에 대한 규제

이처럼 발행 부수 속이기가 아무런 규제 없이 이루어지자 불만은 높아만 갔다. 〈인디애나폴리스 뉴스 *Indianapolis News*〉의 메이저 리처드 Major Richards는 〈프린터스 잉크〉(1890. 1. 15: 262~3)에 기고한 글에서 상업적 거래가 이루어지는 모든 분야에서 소비자가 상품을 시험해 보지 못하고 사는 유일한 것이 바로 광고 지면이라고 비판하였다. 광고주들의 입장에서는 광고 지면이라는 상품을 사는 데 그 상품이 어느 정도 가치와 어떤 속성을 지니고 있는지도 모르고 사게 된다는 것이다.

발행 부수 속이기가 여러 형태로 도마 위에 오르고 불만이 높아 가면서 언론계에 대한 신뢰가 땅에 떨어지자 신문업계 자체적으로도 자성의 움직임이 일어났다. 업계 내에서 비록 소수이지만 발행 부수를 정직하게 발표하는 신문들은 이 발행 부수 속이기의 가장 큰 피해자였다. 이들이 중심이 되어 이러한 자성의 움직임이 나타나게 된 것이다. 이 정직한 발행인들은 발행 부수 속이기의 또 다른 큰 피해자라 할 수 있는 광고주들과 연대하여 이 잘못된 관행을 바로잡으려는 시도를 하게 되었다.

이들은 만성적인 발행 부수 속이기에 대처하기 위해 다양한 방법을 추구하게 되었다. 첫째, 그들은 발행인들에게 개인적으로 접근하였다. 둘째, 기업인들은 각 간행물이 공표한 발행 부수 자료를 모아 목록을 만들었다. 셋째, 광고주들이 모여서 발행 부수를 공인할 감사 기구를 구성하였다. 그리고 마지막으로는 신뢰할 만한 발행 부수 자료 공표를 요구하는 법을 제정하도록 의원들에게 압력을 행사하였다.

첫번째 방식은 발행인들에게 다른 거래를 하려는 것처럼 가장하여 개별적으로 접근하면서 정확한 발행 부수를 알아 내도록 시도하라는 것이었다. 그러나 이것은 그다지 성공적이지 못했다.

대신 발행 부수 속이기에 대한 싸움에 앞장섰던 제약 회사들은 고육지책이라 할 수 있는 방법을 사용하였다. 영업 사원들을 훈련시켜 그들로 하여금 인쇄소 바깥 벽에 귀를 대고 인쇄기의 진동 소리를 듣도록 하였다. 인쇄기의 리듬에 익숙해지자 그들은 인쇄기의 회전 수를 셀 수 있게 되었고 이를 가지고 인쇄 부수를 추정할 수 있었다. 다른 광고주들은 신문 배달부의 뒤를 밟아서 그들이 배포하는 신문 부수를 세는 경우도 있었으며, 발행 부수를 전체 인구 통계 자료와 비교해 보거나 인쇄 용지나 잉크 사용량으로 추정하기도 했다.

그러나 이러한 방법들은 시간도 많이 걸릴 뿐 아니라 비용도 많이 드는 반면 단편적이고 부정확한 정보만을 얻을 수 있었다. 그리고 광고주들은 어떻게 해서든 발행 부수의 비밀을 지키려는 발행인들의 노력에 부닥치곤 했다. 예를 들면, 1894년 한 인쇄 재료 공급 회사는 비밀 유지에 획기적인 신발명품이라며 광고를 했다. 인쇄 계수기에 자물쇠를 달아서 '인쇄 부수를 확실히 알 필요가 있는' 발행인만 열쇠를 가지고 있으면 된다는 것이었다(Lawson, 1993: 49~51).

발행 부수 자료를 모아 목록을 발행하는 작업은 조지 로웰 George Rowell 같은 사람에 의해 개인적 차원에서 시작되었다(*Editor & Publisher*, 1912. 7. 27: 13). 로웰은 언론계의 발행 부수 속이기라는 잘못된 관행을 바로잡기 위해 많은 노력을 기울인 사람이다. 그가 광고주들을 위한 업계지 〈프린터스 잉크〉를 1888년 창간(*Printer's Ink*, 1912. 10. 17: 51)한 것도 이러한 노력의 일환이었던 것으로 평가할 수 있다. 추후에 결성되는 미국 광고주 협회 회장 버트 모지스는 1912년 로웰의 이러한 노력을 다음과 같이 평가하였다.

12년 전 정직한 발행인들과 광고업계 전체는 발행 부수를 속이는 사람들로부터 아무런 보호도 받지 못했다. 어느 도시의 한 신문이 실제로 5만 부를 발행하고 있다면, 그 도시의 다른 경쟁지가 실제로는 2만 부를 발행하면서도 이를 6만 부라고 속여도 속수 무책이었다. 조지 로웰은 오랫동안 이러한 폐해를 바로잡기 위해 애썼다. 그는 심지어 어떤 신문사가 공표한 발행 부수가 거짓이라는 것을 입증하기만 하면 100달러의 보상금을 지불하는 제도까지 고안해 냈다(*Editor & Publisher*, 1912. 7. 27: 13).

그러나 로웰의 개인적인 노력은 별 효과를 거두지 못하였다. 로웰의 노력에도 발행인들은 여전히 거짓으로 대응했던 것이다. 1890년 테네시 주 〈채터누가 타임스 *Chattanooga Times*〉의 발행인으로 있었던 아돌프 옥스는 로웰이 만든 발행 부수 목록들을 면밀히 검토한 후 그 다음 해 전국 편집인 협회 모임에서 자신의 검토 결과를 보고하였다(Lawson, 1993: 52).

그 목록에 따르면 1년 동안 발행된 총부수는 40억 2042만 5000부이다. 이는 한 가구당 연 300부씩에 해당된다. 이 수치 가운데 1억 4081만 7000은 월간지의 몫으로 가구당 연 11권 정도인 것으로 산출된다. 2663만 8250부는 주간지의 몫으로서 이는 한 가구당 1주일에 2부씩 배포되었다는 계산이다. 이 수치들을 검토해 보고 얻을 수 있는 유일한 결론이란 굉장히 많은 수의 발행인들이 자신들의 발행 부수에 대해 어마어마한 거짓말을 했다는 것이다.

이처럼 개인적 차원의 노력에도 불구하고 별 소득이 없자 일부 광고주들이 모여 1899년 발행 부수 감사를 목적으로 하는 미국 광고주 협회를 결성하였다. 이 협회는 70여 회원사들이 내는 회비를 바탕으로 운영하면서 신문과 잡지들을 대상으로 발행 부수 감사를 실시하였다(*Editor & Publisher*, 1912. 7. 27: 13).

설립 후 3년 동안 협회는 전국 50여 개 도시의 400여 개 간행물에 대한 감사를 실시했다. 그러나 발행인들 가운데 다수는 미국 광고주 협회의 감사 요구를 거부했다. 그들이 감사를 수락하더라도 지극히 제한된 정보만이 밝혀질 뿐이었다. 이 감사 기구는 표준화된 감사 양식을 사용하지도 않았으며 '발행 부수'라는 용어에 대한 정확한 개념 규정도 시도하지 않았기 때문이다. 1912년까지 1058건의 감사를 실시한 협회는 마침내 자금이 고갈되어 1913년 해체되고 말았다 (Lawson, 1993: 53~4).

좀처럼 이 잘못된 관행이 수그러들지 않자 이 문제가 언론 단체들을 통해 공개적으로 논의되면서 입법을 통해 규제해야 한다는 주장이 제기되었다. 남부 신문 발행인 협회(Southern Newspaper Publishers Association)는 1909년과 1911년의 총회에서 이 문제를 논의하였다. 이 협회는 대개 북부에 비해 발행 부수가 적은 소규모 신문사들로 구성되어 있었기 때문에 발행 부수가 많은 신문들, 특히 발행 부수를 속이는 신문들과의 경쟁에 매우 민감하였다. 그리하여 이들은 총회에서 거짓말쟁이들과 어떻게 경쟁할 것인가 하는 문제를 논의하였던 것이다.

주간지 발행인들의 모임인 전국 편집인 협회도 부당 경쟁에 대해 남부 신문 발행인 협회와 입장을 같이하였다. 이미 1891년부터 이 협회의 일부 회원들은 은행이나 보험 회사가 일부 자료를 공개하는 것과 마찬가지로 발행 부수를 정확하게 밝히도록 하는 입법을 주장하였다.

몇몇 업계 전문지가 이 점에 착안하여 발행 부수를 속이는 발행인들에게 응분의 처벌을 하자는 입법을 정부에 요구하는 기사를 게재하였다. 광고업계지인 〈킹스 제스터 *King's Jester*〉와 〈뉴스메이커 *Newsmaker*〉, 〈저널리스트〉 등이 이러한 기사를 게재하였다.

1888년에는 미국 신문 발행인 협회에서도 이 문제가 거론되었다. 〈디트로이트 이브닝 뉴스 *Detroit Evening News*〉의 W. H. 브리얼리 W. H. Brealey는 미국 신문 발행인 협회의 두 번째 연차 총회에서 이 문제를 발의하였다. 그는 발행인들로 하여금 발행 부수 자료와 함께 그 신문이 발행되는 지역 내 사무실 운영에 관한 자료도 제출하게 하는 법안을 제안하였다. 그러나 그의 제안은 부결되고 말았다(Lawson, 1993: 55~7).

이처럼 여러 수준에서 발행 부수 속이기를 처벌하는 입법이 필요하다는 논의가 제기되었으나, 1893년 캘리포니아 주가 전국 최초로 발행 부수 공개법을 제정한 것과 콜로라도 주와 캔자스 주가 관련 입법을 성사시킨 것처럼 몇 개의 주 차원에서 이루어진 것을 제외하고는 신문 공개법 이전의 이러한 시도들은 대부분 실패로 끝나고 말았다. 이는 대부분 언론 단체에서 정직한 발행인들에 의해 이러한 문제 제기가 이루어졌지만 대다수 발행인들이 기득권을 수호하려는 성향을 벗어나지 못했기 때문인 것으로 분석할 수 있겠다.

McClure's Magazine

VOL. XX   JANUARY, 1903   NO. 3

THE SHAME OF MINNEAPOLIS

The Rescue and Redemption of a City that was Sold Out

BY LINCOLN STEFFENS

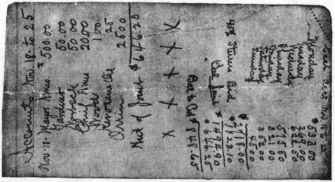

FAC-SIMILE OF THE FIRST PAGE OF "THE BIG MITT LEDGER"

An account kept by a swindler of the dealings of his "Joint" with City Officials, showing first payments made to Mayor Ames, his brother, the Chief of Police and Detectives. This book figured in trials and newspaper reports of the exposure, but was "lost"; and its whereabouts was the mystery of the proceedings. This is the first glimpse that any one, except "Cheerful Charlie" Howard, who kept it, and members of the grand jury, has had of the book

WHENEVER anything extraordinary is done in American municipal politics, whether for good or for evil, you can trace it almost invariably to one man. The people do not do it. Neither do the "gangs," "combines," or political parties. These are but instruments by which bosses (not leaders; we Americans are not led, but driven) rule the people, and commonly sell them out. But there are at least two forms of the autocracy which has supplanted the democracy here as it has everywhere it has been tried. One is that of the organized majority which, as in Tammany Hall in New York and the Republican machine in Philadelphia, the boss has normal control of more than half the voters. The other is that of the adroitly managed minority. The "good people" are herded into parties and stupefied with convictions and a name, Republican or Democrat; while the "bad people" are so organized or interested by the boss that he can wield their votes to enforce terms with party managers and decide elections. St. Louis is a conspicuous example of this form. Minneapolis is another. Colonel Ed. Butler is the unscrupulous opportunist who handled the non-partisan minority which turned St. Louis into a "boodle town." In Minneapolis "Doc" Ames was the man.

〈맥클루어스 매거진〉을 폭로 저널리즘의 선두 주자로 만든 폭로 사례의 일종.

미네소타 주 미니애폴리스 시 고위 관료들의 부정을 폭로하고 있다.

4장 신문 공개법과 미국의 언론 개혁

1. 신문 공개법의 제정

1) 신문 공개법의 제정 과정

지금까지의 논의를 통해 20세기 초반의 미국 언론은 상업화 과정에서 그 부작용이 매우 심각하게 나타났음을 알 수 있었다. 이러한 상업화의 폐해를 바로잡기 위한 개혁의 일환으로 제정된 것이 바로 1912년의 신문 공개법이다. 이제부터는 이 신문 공개법을 중심으로 어지러운 상업 언론의 시장 질서를 바로잡아 나가는 과정을 살펴보기로 하자.

(1) 신문 공개법 이전의 언론 관련 입법 현황

먼저 신문 공개법이 제정되기 이전 언론 관련 법으로는 어떤 것들이 있었으며 신문 공개법이 제정되기 직전의 상황은 어떠했는지를 살펴보고자 한다.

언론 규제의 필요성

언론의 난맥상에 대한 사회의 비판적인 목소리가 자연스럽게 형성되었다. 앞에서도 잠시 언급하였지만 업계 내에서도 자성의 목소리와 움직임이 생겨났으며, 언론계 외부에서도 언론의 상업적 부작용에 대한 비판적 인식들이 언론 비평의 형태로 활발하게 전개되었다.

비평가 어윈은 1911년 1월부터 7월까지 잡지 〈콜리어스 *Collier's*〉에 "American Newspaper"라는 제목으로 13회에 걸쳐 상업화된 미국 언론의 문제점을 깊이 있게 분석, 폭로하였다.[1] 업톤 싱클레어나 조지 셀데스 George Seldes 같은 비평가들도 언론을 호되게 비판하는 저서들을 출간하였다. 그 밖에도 당시의 잡지를 중심으로 언론 비평이 활발하게 전개되었으며,[2] 언론의 부조리를 파헤친 단행본들도 많이 나왔다.

이처럼 언론에 대한 사회적 불만과 비판이 고조되자 정치권은 언론에 대한 규제의 필요성을 느끼기 시작하였다. 민주, 공화 양당의 개혁적 의원들과 인민당 populist party 을 중심으로 상업화된 언론에 대

---

1. 그의 글들은 후에 클리포드 위글 Clifford Weigle 에 의해 *The American Newspaper by Will Irwin Ames* (The Iowa State Univ. Press, 1969) 라는 제목의 단행본으로 출판되었다.

2. 이에 관해서는 블랜차드 (Blanchard, 1978) 의 글을 참조 바람. 당시의 언론 비평에 관한 자료는 하우스만 (Hausman, 1967) 의 논문에 잘 정리되어 있다.

해 규제가 필요하다는 논의들이 조심스럽게 제기되었다(Lawson, 1993: 66). 언론계 내부 및 관련 업계, 그리고 수용자들의 언론에 대한 비판이 심화되어 정치권에서도 규제의 필요성을 느끼는 상황에서 신문 공개법이 탄생할 기반이 마련되었던 것이다.

주 정부 차원의 언론 규제

언론의 고질적인 기업 관행에 대해 가장 먼저 규제의 칼을 뽑은 것은 다른 산업 부문에 대한 규제와 마찬가지로 주 정부였다. 1893년 캘리포니아는 전국 최초로 발행 부수 공개법을 제정하였다. 〈샌프란시스코 이그재미너 *San Francisco Examiner*〉의 발행인 허스트의 강력한 주장에 의해 주 의원들은 캘리포니아에서 발행되는 간행물이 "광고나 다른 후원을 얻을 목적으로 그 신문이나 간행물의 발행 부수를 의도적으로 실제와 다르게 공표하는 것"을 불법으로 규정하였다. 다른 몇몇 주들도 뒤를 이었다. 콜로라도는 간행물이 실제 발행 부수를 속이거나 잘못된 자료를 사용하는 것을 금지하였다. 캔자스는 한 걸음 더 나아가서 발행인들이 유료 발행 부수를 속이지 못하도록 규정하였다. 유료 발행 부수는 광고된 정상 요금으로 판매된 발행 부수라고 규정했다. 다시 말하면 무료로 배포되거나 할인된 요금으로 판매된 것들은 실제 발행 부수에 포함시키지 않는다는 것이다.

주 의회에서는 또한 공중들이 간행물을 책임진 사람이 누군지를 알 권리가 있는가에 대해서도 논의했다. 펜실베이니아와 뉴욕 의회는 1907년 간행물의 소유주 이름이나 소유주가 법인일 경우에는 그 임원 명단을 지면의 눈에 잘 띄는 곳에 인쇄하도록 하는 법을 통과시켰다. 펜실베이니아의 법은 편집 책임자의 이름도 함께 게재하도록 하였으며, 뉴욕에서는 소유주나 임원의 주소를 기재하도록 하였다. 1912년까지 여러 주들이 이와 비슷한 법을 만들었다. 실제 캘리포니아는 필자들로 하여금 기사나 논설에 이름을 밝히도록 하였다. 이로써 "죽은 자면 그 기억을 좋지 않게 하고 산 자면 정직성과 품위, 덕성, 평판에 먹칠을 하여 그들로 하여금 공중의 증오와 경멸, 조롱의 대상이 되게 한다"는 것이다(Lawson, 1993: 66~7).

이처럼 주 정부 차원에서는 몇몇 주에서 언론 상업화의 부조리한 측면을 법을 통해 규제하려는 시도가 이루어졌음을 알 수 있다.

연방 차원의 언론 규제 시도

연방 차원에서도 의회는 신문 공개법이 통과되기 여러 해 전부터 언론에 대해 규제할 것을 고려하고 있었다. 워싱턴 주의 공화당 하원 의원이던 웰시 존스 Welsey Jones는 1897년 간행물이 우편을 이용하기 위해서는 그 주주와 논설 필자를 공개하도록 하는 법안을 제출하였다. "독자들은 자신이 읽는 논설이 누구에 의해 쓰여졌으며 그러한 논설이 어떤 사람들의 영향 아래 작성된 것인지를 알 권리가 있다"고 존스는 말했다. 이것은 정·재계의 거물들이 비밀리에 언론을 소유함으로써 언론의 비판적 논조를 약화시켰던 경향을 규제하려는 시도였다. 그러나 이 법안은 상임 위원회에서 부결되고 말았다.

11년 뒤 텍사스의 민주당 하원 의원 사무엘 B. 쿠퍼 Samuel B. Cooper는 대통령 테오도르 루스벨트의 열광적인 후원 아래 비슷한 법안을 발의하였다. 그러나 그 법안은 하원에 상정되지도 못했다.

1910년 진보주의의 신봉자로 알려진 오클라호마의 민주당 상원 의원 로버트 오웬 Robert Owen은 1912년 신문 공개법의 한 선례가 되는 법안을 제출하였다. 즉, 위장 광고에는 광고라는 표지를 달도록 규정한 것이다. 자신의 한 친구에게 보낸 서한에서 오웬 의원은 사적 소유의 독점 기업들이 "전국의 신문들을 통해 돈에 눈먼 지식인들을 동원하여 그럴 듯하게 포장한 거짓 기사와 교묘한 논설로 공중을 기만하고 있다"고 비난하였다. 오웬은 돈을 받고 쓴 광고에는 표지를 달도록 강제하는 방법이 이러한 기만을 줄여 줄 것으로 기대했다. 그러나 그의 법안도 상임 위원회에서 부결되고 말았다. 당시 위원회에서는 간행물의 광고면에는 우편 요금을 더 부과하자는 제안에 대한 격렬한 논쟁이 오고 갔으나 이도 역시 부결되고 말았다.

연방 의회는 언론의 기업적 측면뿐만 아니라 다른 측면을 규제하는 입법도 고려하였다. 예컨대 1908년의 60차 회기에서는 만일 간행물이 이혼이나 살인 혹은 비도덕적 행위에 관한 재판 진행을 보도하면 우편 요금 혜택을 주지 말자는 법안이 제출되었으나 부결되었다. 같은 회기 중에 두 명의 펜실베이니아 의원 ― 공화당의 어네스트 애치슨 Ernest Acheson과 민주당의 조셉 D. 브로드헤드 Joseph D. Brodhead ― 은 주류 광고와 이혼에 관한 기사를 금지하는 법안을 각기 발의하였다. 그러나 두 법안 모두 하원의 우편 위원회에서 부결되고 말았다(Lawson, 1993: 67~8).

1912년 신문 공개법 이전의 시도들이 이처럼 좌절된 것은 언론의 폐해를 개혁해야 한다는 사회적 요구도 있었지만 그에 못지않게 기득권을 지키려는 업계의 로비가 치열했던 때문으로 볼 수 있다. 앞에서도 논한 바와 같이 의원들 가운데서도 신문을 비밀리에 소유했던 사람들이 상당수 있었던 것이다.

1912년의 상황

1912년까지 연방 의회는 결과적으로 언론을 직접 규제하지 않고 시장에 맡겨 둔 상태였다. 당시 존재했던 언론 관련 법이란 1798년의 외국인 및 선동 금지법과 외설에 관한 1873년의 컴스톡 Comstock 법, 그리고 복권 광고를 실은 간행물의 우편 배포를 금지한 1890년의 법이 전부였다. 이를 제외하고는 연방 정부의 언론 규제는 없었다고 할 수 있다.

언론에 대한 사회적 개혁 요구가 높아지는 상황에서 1912년에는 언론 규제 법안을 만들 분위기가 무르익었다. 하지만 수정 헌법 제1조 때문에 의원들이 언론을 규제할 수 있는 수단은 오직 한 가지 뿐이었다. 바로 제2종 우편물의 요금 혜택을 이용하는 방법이다. 실제 그들은 이 방법을 동원해서 언론의 기업 활동 규제에 나섰다.

1912년의 정계는 그 해 11월에 있을 선거를 앞두고 모든 관심을 선거에 집중했다. 특히, 공화당은 후보 선출을 둘러싸고 내분을 겪어 당이 양분되는 등 혼란의 와중에 있었다. 공화당은 주류와 비주류로 분열되었다. 주류는 대통령 윌리엄 H. 태프트 William H. Taft 를 다시 후보로 지명하였다. 반면 비주류는 주로 중서부와 서부 출신으로 구성된 진보적 당원들이었는데, 이들은 진보당을 만들어 대통령 후보로 전직 대통령 테오도르 루스벨트를 선출하였다. 민주당은 후보 지명을 위한 46차례의 예비 선거를 통해 뉴저지의 주지사인 우드로 윌슨을 후보로 지명하였다. 또한 유진 뎁스도 사회당 후보로 또다시 출마하였다. 이처럼 1912년의 미국 정계는 매우 들떠 있는 상태였다 (Kolko, 1967: 8장 참조). 이러한 상황 속에서 언론을 규제하는 연방 입법인 신문 공개법이 태동할 수 있었던 것이다.

(2) 신문 공개법의 발의

그러면 이제부터는 신문 공개법이 만들어지는 구체적인 과정을 살펴
보기로 하자.

우편 세출 법안의 부가 조항

신문 공개법은 독립된 법이 아니다. 1913년 우편 세출법안Postal
Appropriation Bill의 수정안에 부가 조항 형태로 발의되었다.[3] 1912년 3월
하원의 우체국 및 우편 도로 위원회에 제출되었던 원래의 우편 세출
법안에는 언론 규제 조항이 없었다. 이후 부가 조항으로 언론 규제의
내용이 추가되면서 신문 공개법이 생겨났던 것이다. 이 때의 내용은
소유권을 공개하도록 한 조항과 위장 광고에 표지를 달도록 규정한
조항만 있었고 발행 부수에 대한 조항은 없었다. 이는 추후 상원에서
의 심의 과정에서 추가된 것이다.

하원의 우편 위원회에서 우편 세출 법안이 보고된 바로 직후
위원장을 맡고 있던 테네시 주의 민주당 의원 존 A. 문John A. Moon은
하원 운영 위원회 소속 의원들에게 이 법안에 몇 개의 안을 첨부하는
것을 허용해 달라고 요청하였다. 위원들은 이를 허용하였다. 이러한
허용은 흔하지 않은 것으로서 1911년과 1912년 사이에 단지 11번만
허용되었다고 한다.

3. 따라서 엄밀하게 말하면 신문 공개법이라고 부르는 것은 정확한 용어가 아니다. 그러나 당시
신문과 잡지들에서도 이 법안의 명칭을 줄여서 '우편법Postal Law'이나 '신문법Newspaper Law'
이라고도 하였지만 '신문 공개법Newspaper Publicity Act or Law'이라는 명칭을 사용하기도 하였
다. 이 책에서는 '신문 공개법'이라는 용어가 이 법의 내용을 보다 쉽게 알 수 있게 해 주기 때
문에 이를 사용하고자 한다.

이에 민주당의 하원 의원 헨리 반하트Henry Barnhart는 간행물의 소유주나 500달러 이상의 주식을 소유한 투자자, 그리고 편집장의 이름을 호마다 눈에 잘 띄는 곳에 인쇄하도록 한 부가 조항을 발의하면서 이를 지지해 달라고 설득하였다. 인디애나의 한 주간 신문 발행인인 반하트는 그 전 해에도 비슷한 법안을 제출하였으나 위원회에서 부결되고 말았다. 제출된 부가 조항에 의하면, 미국인들로 하여금 "누가 언론을 통제하고 지휘하는가를 알 수 있게 해 준다"고 반하트는 주장하였다. 또한 "정직한 편집인들이 좋지 못한 영향력에 휘둘리고 있다는 누명에서 벗어날 수 있게 해 준다"는 것이다.

자신의 요구를 뒷받침하기 위해 반하트는 전국의 주요 신문 10가지를 위원들에게 배포하였다. 그 중에서 2개 신문이 편집장만을 밝히고 있으며 발행인을 밝힌 신문은 1개뿐이었고 나머지 7개는 아무도 밝히지 않은 채 익명으로 배포되고 있었다(Lawson, 1993: 70).

하원 우편 위원회에서의 논의

일부 위원들은 반하트의 조항에 대해 의문을 제기하였다. 미시간의 한 공화당 의원은 왜 주주 공개를 500달러 이상 소유로 제한했는지를 물었다. 텍사스 주의 민주당 의원이며 후에 우정성 장관을 역임한 앨버트 벌리슨Albert Burleson은 이 조항에는 왜 언론사의 부채에 대한 언급이 없는지에 대해 의문을 가졌다. 역시 텍사스 출신이었던 헨리는 하원 본회의에서 논의할 때 그 조항을 추가할 수 있으며, 자신도 이에 대해 찬성할 것이라고 말했다. 당시의 시점에서 이 조항은 기본적으로 "여론을 형성하는 신문이나 잡지 등이 그 공적 표현의 무기를 누가 소유하고 있는지를 공개하지 않으면 그들의 의견을 표현할 권리를 주어서는 안 된다는 원칙을 확립하자는 데 의의가 있다"고 헨리는 설명하였다.

반하트는 이 조항에 대한 자신의 입장을 간략하게 피력하였다. 〈로체스터 센티널 *Rochester Sentinel*〉의 발행인이기도 한 그는 자신이 "위대하고 영광스러운 언론이라는 직업을 대표하여" "세상을 인도하는" 이 직업을 "가능한 한 광범위하고 효과적으로" 정화하고자 이 부가 조항을 발의하였다고 천명하였다.

자신의 발의안에 대해 토론을 거치면서 반하트는 두 가지 사항을 추가로 수정하였다. 하나는 벌리슨의 제안대로 소유권 공개 내역에 500달러 이상의 채권자도 포함하도록 한 것이며, 다른 하나는 뉴스나 논설 형식을 띤 광고에 표식을 달도록 한 것이다. "몇 푼 안 되는 이득에 눈이 멀어 자신의 영혼을 파는 언론인이 있다면 그들이 누군지 밝혀야 한다"고 반하트는 말하였다. "그리고 부조리한 관행을 조장하거나 잘 속아 넘어가는 일반인들의 속성을 이용하여 내밀하게 금전에 대한 탐욕을 추구하는 신문이나 잡지가 있다면 이들은 백일하에 그 모습이 드러나게 해야 할 것이다"라고 덧붙였다 (Lawson, 1993: 71~2).

일부 공화당 의원들은 우편 세출 법안의 부가 조항으로 통과시킨 것은 불법적인 절차라며 맹렬히 반대했다. 그러나 위원장 로버트 헨리의 열렬한 지지 속에 운영 위원회는 그 해 4월 18일 이를 신속히 표결에 부쳐 반하트의 부가 조항을 통과시켰으며 본 회의도 이를 지지해 줄 것을 촉구하였다 (Lawson, 1993: 70~2). 이렇게 해서 역사적인 신문 공개법은 그 모습을 드러내게 되었다.

(3) 하원에서의 논의와 수정

하원 본회의 상정

하원 본회의에서 신문 공개법은 다시 토론에 부쳐졌다. 그러나 본회의에서는 우편 세출 법안의 다른 조항들에 논의가 집중되었으며, 언론 규제 조항에 대해서는 별다른 토론이 벌어지지 않았다. 공화당을 중심으로 한 소수의 하원 의원들만이 반하트의 규제 조항에 강력히 반대하였다. 그러나 그들이 반대한 것은 언론의 입장을 고려해서가 아니라 그 시행이 어려우리라는 예측 때문이었다.

최초의 사회주의 의원이었던 위스콘신 주의 빅터 버거 Victor Berger는 "이 불가능하고 우스꽝스러운 법안은 좋은 의도에서 출발한 법안이 결국은 정신 나간 법이 되고 마는 좋은 본보기가 될 것"이라고 말했다. 그는 언론이 소유주나 주주를 공개해야 한다면 노동자 언론이 가장 큰 타격을 받을 것이라고 염려하였다. 예컨대 버거는 사회주의 계열의 〈밀워키 리더 *Milwaukee Leader*〉는 8700명 이상의 사람들이 주주로 참여하고 있는데, 이들 가운데 대부분은 명단이 공개되면 블랙리스트에 오르리라는 것이다. 나아가서 이들 투자자 이름을 모두 게재해야 한다면 "거의 모든 지면이 이 주주 명단으로만 채워질 것이며 또한 민주당이 할 수 있는 개혁이 고작 이뿐이냐고 말할 밀워키 시민들에게 아무런 할 말이 없을 것"이라고 버거가 농담조로 말하자 공화당 의원들은 웃으면서 갈채를 보냈다 (Lawson, 1993: 72~3).

내용의 일부 수정

버거의 이 같은 제안은 받아들여져서 수정안으로 이어졌다. 버거의 제안에 의해 하원은 "친목 단체나 자선 단체, 혹은 노조가 발행하거나 이 단체들의 후원으로 발행되는 간행물"은 면제시켜 주는 수정안을 만들었던 것이다.

이 법에 대한 또 다른 반대자인 펜실베이니아의 공화당 의원 J. 햄프턴 무어 J. Hampton Moore는 이 규제는 언론사로 하여금 사적인 경영 정보를 공개하게 하는 부당한 것으로서 "자유 언론의 목을 죄는 단계로 접어들게 된다"는 것이다. 그는 또한 언론들이 이 법안에 찬성하는 의원들을 공격할지도 모른다고 걱정하였다. 이처럼 보복을 두려워하는 의원들을 안심시키기 위해 반하트는 "정직한 언론인들이나 뜻 있는 독자들은 모두 편집인과 발행인을 백일하에 드러내는 이 방법에 찬성할 것이다. 언론을 구독하는 대가로 돈을 지불하는 독자들은 그 내용 이전에 도대체 누가 언론에 종사하고 있는지를 알 권한이 있다"고 주장하였다.

발행인을 겸하고 있는 또 다른 민주당 의원 제임스 M. 콕스 James M. Cox는 반하트의 주장에 공감하면서도 이러한 법률로 언론에 대한 일반의 이미지를 개선할 수 있을지에 의문을 표하였다. 콕스 하원 의원의 냉소적 태도에 대하여 반하트는 "선의의 언론인들도 비판으로부터 자유로울 수는 없지만, 이 법이 제정되면 그들은 부패한 자본에 의해 통제되고 있다는 부당한 누명을 벗을 수 있다"고 단언하였다. 마찬가지로 "좋지 못한 언론인들은 똑같은 공개의 과정을 통해 만인의 주시 아래 노출될 것"이라고 주장하였다.

우편 세출 법안에 관한 토론이 종료된 4월 말까지 반하트가 제안한 언론 규제 조항은 내용 가운데 일부만 수정되었을 뿐 대부분 원안 그대로 유지되었다(Lawson, 1993: 72~4). 이러한 토론 과정을 거치면서 신문 공개 법안은 1912년 4월 30일 민주당이 다수를 점하고 있던 하원에서 찬성 72, 반대 32로 통과되었다(*New York Times*,[4] 1912. 5. 1: 9)

(4) 상원에서의 논의

치열한 로비전

하원을 통과한 것으로 법안이 완성된 것은 아니었다. 상원이 또 남아 있었다. 하원을 통과하자마자 신문 공개 법안은 상원에 회부되었다. 상원의 우체국 및 우편 도로 위원장으로서 조나단 번 주니어 Jonathan Bourne Jr.는 5월 초 언론 규제법이 하원을 거쳐 자신의 위원회에 보고 되자마자 이 문제에 몰두하였다.

이 때 우정성 장관 프랭크 H. 히치콕 Frank H. Hitchcock은 이 법 안에 반대한다는 서한을 번에게 보내 왔다. 이 조항들은 "필요 없을 뿐만 아니라 언론에 대한 검열이라는 비난을 받게 되면 해롭기까지 하다"고 히치콕은 번에게 보낸 서한에서 주장했다. 이어서 히치콕은 친목 단체나 자선 단체, 노조에 대해 예외를 인정하는 것에 대해서 도 반대한다고 말했다(이 서한에 대해서는 뒤에 다시 자세하게 소개할 것이다).

그러나 일부 발행인들의 입장은 히치콕과 또 달랐다. 이 법을 성사시키기 위해 발벗고 나선 발행인들이 있었던 것이다. 업계 전문 지를 여러 종 발행하고 있는 칠톤 회사 The Chilton Company는 연방 규 제법을 성사시키기 위한 싸움에 앞장섰다. 칠톤 회사는 이 법안에 발 행 부수에 관한 요구 사항을 추가하기 위하여 상원에 계속 압력을 행

---

4. 이하에서는 NYT라 약함.

사하였으며 〈위스콘신 이쿼티 뉴스 *Wisconsin Equity News*〉는 지면을 통해 이 '중요하고도 필요한' 공개의 규제를 유지하도록 번에게 촉구하였다.

하지만 반대 로비도 만만치 않았다. 번에게 이 법안을 폐기시키라고 요구한 발행인들도 적지 않았던 것이다. 오렌지 주드 앤드 펠프스 출판사 Orange Judd & the Phelps Publishing Companies 사장은 이 규제를 '비도덕적이고 사악하며 불공정'하다고 규정하면서 이처럼 언론에 족쇄를 채우는 비애국적이고 현명하지 못하며 실행 불가능한 선동적 책략을 둘러싼 모든 협잡을 없애 버리라고 촉구하였다.

1911년에 2700만 부의 잡지를 발행한 버터릭 회사 The Butterick Company는 변호사 허버트 노블 Herbert Noble을 번에게 보내 이 법안이 실행 불가능하며 특히 소유권에 관한 조항은 더욱 그렇다고 주장하였다. 면담 이후 노블은 자세한 서한을 보내 이 회사는 거의 1만 9000에 달하는 주주 명단을 게재하기 위해서는 8만 1000달러의 추가 비용이 발생한다고 주장하였다.

〈다코타 파머 *Dakota Farmer*〉의 편집인이나 〈월즈 웍 *World's Work*〉, 〈네이처 라이브러리 *Nature Library*〉의 발행인, 그리고 미국 신문 발행인 협회, 전문 언론 협회 (Trade Press Association), 미국 잡지 발행인 협회의 로비스트였던 F. C. J. 테사로 F. C. J. Tessaro도 마찬가지 입장이었다. 테사로는 청문회를 개최하도록 상원 의원들에게 요구하였지만 번은 "법안에 새로 포함된 조항들이 많아서 하나만 가지고 오래 시간을 끌 수 없다"며 거절하였다 (Lawson, 1993: 74~6).

법안의 일부 수정

이처럼 치열한 로비를 거친 끝에 상원의 우편 위원회 위원들은 규제를 완화시키는 방향으로 법안의 내용을 수정하였다. 한 언론사에 500달러 이상 투자한 사람의 명단을 공개하도록 했던 조항이 1% 미만을 소유한 사람은 면제하는 것으로 상원에서 수정되었다. 또한 자료 공개를 주마다 하도록 되어 있는 것을 1년에 두 번으로 고쳤으며, 위장 광고에 표식을 달지 않을 경우 벌금도 반으로 내려서 100달러 이상 1000달러 이하로 수정하였다. 이 벌금은 나중에 다시 50달러 이상 500달러 이하로 수정되었다. 우정성 장관 히치콕의 의견을 전해 듣고는 하원에서 친목 단체나 자선 단체, 노조의 간행물에 대해서는 면제해 주도록 되어 있던 조항을 삭제하였다. 그리고 발행 부수를 공개하도록 한 조항을 추가하였다.

번은 상원 전체 회의에 보고서를 제출하면서 동료 의원들에게 이러한 수정은 "책임을 달성할 수 있도록 보다 실질적이고 용이한 집행 방법"을 제시해 주고 있다고 말하였다. 번에 의하면 위원들은 모두 신문이 어쨌든 누구에게 발목 잡혀 있으며 어떠한 편견을 가지고 있는지를 공중으로 하여금 알도록 하자는 하원의 의도에는 '충분히 공감'하지만 원안은 '불필요하게 번거로운' 것이라고 생각한다는 것이다.

번은 이어서 반하트도 상원의 수정안이 공개라는 원래의 목적은 그대로 유지하고 있다는 데 동의했다고 말했다. "많은 간행물들이 비밀리에 소유되거나 통제되고 있으며, 이러한 간행물들을 접하는 공중들은 그것이 누구의 이익을 대변하는 것인지도 모른 채 기만당하고 있다는 일반적 인식" 때문에 이 같은 공개가 필요하다는 것이다. 제2종 우편물의 요금 혜택은 "이러한 간행물들의 발행 부수를 늘어나게 해 주었으며 이에 따라 역사상 유례 없는 영향력을 가질 수 있게 해 주었다"고 말하면서 번은 위원회에서 "따라서 공중은 누가 언론을 소유하고 통제하는지를 알아야 한다"고 결론지었다.

상원 의원들은 우편 세출 법안에 포함된 무수한 조항들에 신경 쓰느라 언론 규제에 관한 내용에 대해서는 제대로 토론하지 못했다고 한다. 의원들은 소포 관련 조항(번이 발의)이나 우편 도로 건설 비용, 그리고 우편 직원의 분류에 더 많은 관심을 쏟았다. 그럼에도 불구하고 언론 규제를 둘러싼 토론은 이념적 노선에 따라 양분되었다. 다수의 공화당 주류 의원들은 이에 반대하였으며, 민주당과 공화당 내 비주류 의원들은 이것이 언론의 부조리를 모두 해결하지는 못하더라도 부분적인 해결책은 된다고 지지하였다(Lawson, 1993: 76~7).

반대론자들, 저지 시도

언론 규제라며 이 법에 반대한 의원들은 이 입법을 저지시키려고 하였다. 그러나 그들은 성공을 거두지 못했다. 먼저, 소수의 공화당 상원 의원들은 면제 조항을 삽입하려 하였다. 뉴햄프셔의 공화당 상원 의원 제이콥 H. 갤린저 Jacob H. Gallinger 는 "전국에 산재되어 있는 군소 간행물들을 규제에서 제외시켜 주자"고 주장하였다. 대규모 간행물들이 기업이나 부호들에 의해 통제되고 있다는 사실은 인정하지만, 발행 부수가 5000부도 안 되는 소규모 주간 신문이나 청소년 교육을 위한 간행물, 전국 금주 협회 잡지, 동물 애호 협회 잡지, 교회 잡지, 그리고 안식일 학교 간행물처럼 아무런 해독 없는 간행물까지 소유권을 밝히라고 하는 것은 불필요한 일이라고 갤린저는 생각하였다.

상원 의원의 다수는 갤린저의 견해 가운데 비영리 간행물에 대해서는 수용하였지만 소규모 주간지에 대해서는 반대하였다. 공화당 내 비주류로 유명했던 캔자스 주의 상원 의원 조셉 L. 브리스토 Joseph L. Bristow는 소유권 공개 조항은 규모에 상관 없이 모든 간행물에 동일하게 적용되어야 한다고 설득력 있게 주장하였다. "소규모 신문 여러 개를 소유한다면 이는 대신문 하나를 소유하는 것보다도 더 공공 복지에 해독을 끼칠 수도 있기 때문"이라는 것이다.

펜실베이니아의 상원 의원이며 〈피츠버그 가제트 타임스 *Pittsburgh Gazette - Times*〉와 〈크로니클 텔리그래프 *Chronicle Telegraph*〉의 발행인이었던 상원 의원 조지 T. 올리버 George T. Oliver도 언론 규제를 약화시키기 위한 싸움에 뛰어들었다. 먼저 그는 이 법에 의해 공개하도록 되어 있는 간행물 관계자의 숫자를 제한하려고 시도하였으나 성공을 거두지 못했다. 이 법이 '편집인과 발행인, 경영 매니저, 그리고 소유주'를 모두 공개하도록 한 것에 대해 올리버는 발행인과 편집인 가운데 책임자급 1인만 공개하도록 하고, 경영 매니저는 공개 대상에서 배제하자고 주장하였다.

미주리의 민주당 상원 의원 제임스 A. 리드 James A. Reed는 이러한 수정 제안에 맹렬히 반대하였다. "이 법안의 기본 목적은 언론을 누가 소유하고 있는지를 대중으로 하여금 알게 하자는 것"이라고 리드는 단언하였다. "두 사람이 동업하는 신문일지라도 두 사람의 이름을 모두 감추지 말고 그대로 공표하면 된다"는 것이다. 편집인의 경우도 마찬가지라고 주장하였다. 리드에 의하면 "내가 보기에 신문 사업에서 가장 좋지 못한 것 가운데 하나는 그 내용에 대해서 누가 책임 있는지를 독자들이 모르고 있으며 확인하려 해도 방법이 없다는 사실"이기 때문이라는 것이다. 이 수정안들은 부결되었다.

상원 의원이자 신문 발행인이었던 올리버는 이어서 자신의 동료들에게 신문에 투자한 사람들의 명단을 공개하도록 하는 것은 사적인 기업 활동의 자유를 침해하는 것이라고 설득하려 하였으나 뜻을 이루지 못했다. 리드 의원이 다시 올리버의 의견에 제동을 걸었다. 제2종 우편물로서 요금 혜택을 받는다는 것은 '어떤 의미에서 공공 사업에 종사'한다는 것을 의미하는 것이 아니냐고 리드는 반문하였다. 언론 기업의 부채를 공개하는 것은 이 법의 근본 목적 가운데 하나라고 번의원은 덧붙였다. 그렇지 않으면 발행인들이 어떤 편향을 가지고 있으며 어디에 발목 잡혀 있는지를 알 수 없기 때문이라는 것이다. 이에 대해 올리버는 "발행인의 채권자들이 신문의 편집 방침을 통제하려 한다면 자신들이 채권자라는 사실을 숨긴 채 하려 할 것"이라고 답하였다. 이 점에 대해서는 리드도 동의하였지만 "잘못된 정보가 있다는 사실이 정보를 요구할 수 없는 이유가 될 수는 없다. 잘못된 정보가 있다면 누군가가 책임을 져야 하며 즉시 고쳐져야 한다"고 반박하였다(Lawson, 1993: 77~9).

신문 공개법, 상원 통과

상원이 언론 규제에 관해 토론을 벌이고 있는 동안 위스콘신 대학은 최초의 전국 신문 협의회(National Newspaper Conference)를 개최하였다. 이 모임에는 학자와 정치인, 비평가, 언론인, 발행인들이 모여서 워싱턴에서와 마찬가지로 소유권 공개나 위장 광고 문제와 씨름하였다. 일부 참가자들은 언론의 부조리를 규제할 입법을 의회와 주의회에 대해 촉구하였다. 이들의 목소리가 언론 규제법을 성사시키는 데 영향을 미쳤다고 보기는 힘들지만 이 협의회가 끝난 직후인 1912년 8월 12일 상원은 반하트의 법안을 소폭 수정한 안을 통과시켰다. 며칠 뒤 상원은 우편 세출 법안 전체를 통과시켰다.

의례적인 토론이 끝난 뒤 상원안과 하원안의 차이를 분석할 소위원회가 구성되었다. 이 위원회는 반하트의 안을 수정한 상원 안에서 한 가지 사항, 즉 발행 부수 공개 의무 조항만을 다음과 같이 수정하였다. "또한 일간지의 경우 지난 6개월 동안 호마다 유료 구독자들에게 판매되거나 배달된 부수의 평균치를 공개하여야 한다." 가을 휴가 이전의 회기가 끝나 가자 상원과 하원은 발행 부수에 관한 새 조항을 공개 토론 없이 재빠르게 통과시켜 우편 세출 법안에 대한 태프트 대통령의 인가를 받기 위해 송부하였다(Lawson, 1993: 79).

상원을 거치면서 신문 공개법은 최초의 발의안과는 얼마간 차이가 생겼다. 이 점에 대해 최초 발의자인 반하트 하원 의원은 다음과 같이 논평하였다(Printer's Ink, 1912. 12. 12: 79~80).

현재의 신문 공개 법안은 애초 내가 준비했던 것과는 차이가 있다. 나는 일부 조항에 대해서는 다른 생각을 가지고 있으며, 이것들이 앞으로 수정되어야 한다고 생각한다. 그 가운데 하나는 일간지의 발행 부수를 공개하도록 한 것이다. 이 조항은 많은 신생 신문사들로 하여금 발판을 구축하기 어렵게 만들 것이다. 또한 이를 일간지에 대해서만 요구하는 것은 명백히 차별 입법이라고 생각한다. 또한 위장 광고와 관련된 조항에서도 모든 논설이나 기사를 대상으로 하는 것도 역시 찬성하지 않는다. 내가 처음 제의했던 바와 같이 이는 논설에만 적용시키고 다른 형태의 기사에는 적용하지 말아야 한다고 생각한다.

한편 대다수 언론들은 언론 규제법이 의회를 통과한 사실에 유감을 표명하면서 반대 의사를 천명하였다. 그러나 일부 언론들은 반대 입장에는 변함이 없지만, 상원에서의 수정을 그나마 긍정적으로 보도하기도 하였다. 〈에디터 앤드 퍼블리셔〉(1912. 7. 2: 1)가 대표적인 예이다. 이 잡지는 신문 공개 법안이 상원의 심의 과정을 거치면서 약간 수정된 사실을 보도하고는 이 법에 대해 기본적으로 반대 입장임에는 변함 없지만 수정되면서 다소 덜 불쾌해졌다고 평가하였다.

이렇게 하여 신문 공개법은 우편 세출 법안의 부가 조항 형태로 연방 의회의 하원과 상원을 통과함으로써 법안으로 확정되었던 것이다.

2) 신문 공개법의 주요 내용

하원과 상원을 통과한 신문 공개법의 내용을 살펴보기로 하자. 이 법안은 미국 언론이 상업화됨으로써 나타나는 세 가지 폐해를 규제하는 형태로 구성되어 있다. 즉, 간행물이 제2종 우편물의 요금 혜택을 보기 위해서는 반드시 지켜야 할 의무 사항들을 규정하고 있는 것이다(Act of Aug. 24, 1912, *37 U.S. Statutes at Large 539* at 553~4).

(1) 신문 공개법의 구성

먼저 신문 공개법의 내용은 이 책의 논리 전개상 여러 가지로 중요하므로 원문 그대로 인용하기로 한다.

That it shall be the duty of the editor, publisher, business manager, or owner of every newspaper, magazine, periodical, or other publication to file with the Postmaster General and the postmaster at the office at which said publication is entered, not later than the first day of April and the first day of October of each year, on blanks furnished by the Post Office Department, a sworn statement setting forth the names and post – office addresses of the editor and managing editor, publisher, business managers, and owners, and, in addition, the stockholders, if the publication be owned by a corporation; and also names of known bondholders, mortgagees, or other security holders; and also, in the case of daily newspapers, there shall be included in such statement the average of the number of copies of each issue of such publication sold or distributed to paid subscribers during the preceding six months: Provided, That the provision of this paragraph shall not apply to religious, fraternal, temperance, and scientific, or other similar publications: Provided further, That it shall not be necessary to include in such statement the names of persons owning less than one per centum of the total amount of stock, bonds, mortgages, or other securities. A copy of such sworn statement shall be published in the second issue of such newspaper, magazine, or other publications printed next after the filing of such statement. Any such publication shall be denied the privileges of the mail if it shall be fail to comply with the provisions of this paragraph within ten days after notice by registered letter of such failure.

That all editorial or other reading matter published in any such newspaper, magazine, or periodical for the publication of which money or other valuable consideration is paid, accepted, or promised shall be plainly marked "advertisement." Any editor or publisher printing editorial or other reading matter for which compensation is paid, accepted, or promised without so marking the same, shall upon conviction in any court having jurisdiction, be fined not less than fifty dollars ($50) nor more than five hundred dollars ($500).

위에서 인용한 원문에서 알 수 있듯이 우편 세출 법안의 부가 조항으로 통과된 신문 공개법은 항목의 구분 없이 두 개의 단락으로 나뉘어져 있다. 전반부는 소유권 문제 및 발행 부수 관련 사항을 규정하고 있으며, 후반부는 위장 광고의 문제가 언급되어 있다. 이제 그 주요 내용을 하나하나 분석해 보기로 하자. 전반부는 제2종 우편물 혜택을 누리기 위해서 지켜야 할 의무 사항이며, 후반부는 제2종 우편 혜택과는 관계 없이 위반할 경우 벌금형을 부과하도록 규정하고 있다.

(2) 소유권자 및 채권자 공개

첫번째는 소유권 문제로서 소유자 및 편집 책임자의 신상을 공개하도록 하였다. 모든 신문이나 잡지, 간행물, 기타의 인쇄물은 편집인이나 편집국장, 발행인, 경영 책임자, 소유주, 주주의 명단과 주소를 1년에 두 번, 4월 1일과 10월 1일까지 우정성이 만든 양식에 맞추어 우정성과 관할 우체국에 제출하도록 하고 바로 이어서 발행되는 지면에 이 내용을 게재하도록 규정하고 있다. 간행물이 법인 소유인 경우 그 회사채 소유자 *bondholders*나 저당 및 기타 채권자 *mortgagees or other security holders*도 공개하도록 규정하였다.

이 조항에 대해서는 단서 조항으로서 예외를 인정해 주고 있다. 즉, 종교나 자선, 금주禁酒, 학술 그리고 기타의 유사 간행물에 대해서는 면제해 주었다. 또한 주주나 채권자의 경우는 전체 주식이나 부채 총액의 1% 미만을 소유한 자는 공개 대상에서 면제시켜 주고 있다.

이 조항을 어길 경우의 처벌 조항도 규정하고 있다. 기한 내에 자료를 제출하지 않을 경우에는 우편으로 이 사실을 통지하고 10일 이내에 우편 혜택 *privileges of the mail* 에서 제외시킨다고 규정하고 있다. 뒤에 가서 다시 설명하겠지만, 여기서 '제2종 우편물 요금 혜택'에서 제외시킨다고 명시적으로 규정하지 않고 우편 혜택에서 제외시킨다는 모호한 표현을 사용하여 규정함으로써 후에 논란의 대상이 되었다.

(3) 발행 부수 공개

일간 신문을 대상으로 발행 부수를 공개하도록 하는 내용도 포함되어 있다. 일간 신문의 경우 지난 6개월 동안 유료 구독자에게 판매 및 배포된 *sold or distributed to paid subscribers* 발행 부수의 하루 평균치를 제출하도록 규정하였다. 이 자료도 제출된 바로 뒤에 발행되는 지면에 공개하도록 하였다. 이 조항에 대해서도 첫번째 소유권 관련 조항과 똑같은 처벌 규정, 즉 소정의 절차를 통해 제2종 우편물에서 제외한다는 벌칙이 적용되고 있다.

한 가지 여기서 더 지적하고 넘어갈 것은 유료 발행 부수의 개념이 매우 모호하게 규정되어 있다는 사실이다. 앞에서도 논의했듯이, 당시 발행 부수 개념을 둘러싸고 상당한 혼란이 있었는데, 신문 공개법의 조문에서도 이 개념이 포괄적으로만 규정되고 있는 것이다. 이 사실 때문에 신문 공개법의 시행 과정에서 많은 혼란과 논란이 야기되었다. 또한 일간 신문만을 대상으로 하고 주간 신문이나 잡

지는 적용 대상에서 배제해 차별적인 규정이라는 논란에 휩싸이기도
하였다.

(4) 광고 표지의 의무화

세 번째는 위장 광고와 관련된 규정이다. 이는 앞의 두 가지와 다르
게 규정하면서 처벌 규정도 다르게 부과하고 있다. 신문이나 잡지,
간행물 그리고 기타의 인쇄물에서 돈이나 그에 상당하는 보수를 이
미 받았거나 받기로 약속하고 작성된 논설이나 기사에는 알아 보기
쉽게 '광고 *advertisement*'라는 표지를 달도록 규정하였다. 발행인이나
편집인이 만일 이를 어길 경우에는 법원의 판결을 거쳐 50달러 이상
500달러 미만의 벌금형에 처하도록 하였다.

지금까지 살펴본 것처럼 신문 공개법의 내용은 앞에서 지적한
미국 언론의 상업화에서 나타난 주요 부작용들을 개혁하기 위한 내
용들로 구성되어 있음을 알 수 있다. 즉, 소유권의 은폐와 위장 광고
의 범람, 발행 부수 속이기라는 상업 언론의 폐해를 시정하기 위한
내용들로 구성되어 있는 것이다.

2. 신문 공개법에 대한 언론계와 각계의 대응

1) 신문 공개법에 대한 각계의 입장

신문 공개법이 의회를 통과하여 확정되자 언론계뿐만 아니라 행정부와 광고계 등 각계의 반응이 다양하게 펼쳐졌다. 이제부터 이 점에 대해 살펴보기로 하자.

(1) 언론계의 입장과 대응

언론사들의 반대

신문 공개법이 언론의 경영에 관한 정보를 공개하도록 하는 등의 규제를 가하는 것이기 때문에 언론계가 반대했으리라는 것은 어렵지 않게 짐작할 수 있다. 이 법안이 의회에서 심의되는 동안 언론계는 음성적인 로비를 통해 반대 압력을 행사하였다.

이 법안이 하원을 통과하면서부터 언론은 이 사실을 지면을 통해 보도하면서 관심을 표명했다. 〈뉴욕 타임스〉는 1912년 5월 1일자에서 우편 세출 법안에 신문 공개법 조항이 부가되어 하원에서 논의 끝에 다소 수정되어 찬성 72, 반대 32로 통과된 사실을 보도하면서 조항의 내용은 책임 편집자, 소유주, 주주의 이름을 주마다 한 차례씩 공개하도록 규정한다고 보도하였다.

신문 공개법이 의회를 통과하자 언론계는 즉각 지면을 통해 반대 의사를 표명하며 다양한 방법으로 대응하였다. 〈뉴욕 타임스〉는 1912년 9월 9일자에서 우정부 장관 히치콕이 상원에 보낸 서한에서 이 법에 대한 개인적인 반대 입장을 표명한 것을 인용하면서 반대 의사를 표명하였다. 당시 〈뉴욕 타임스〉의 반대 논리는 "현재도 제2종 우편물 혜택을 받기 위해서는 13개의 요건을 필요로 하는데 더 이상의 규제는 불필요하다는 요지"였다.

〈뉴욕 타임스〉는 이어서 9월 20일자에서도 이 법에 대해 강도 높게 비판하였다. 10면에 실린 "A Marvel of Legislation"이라는 기사를 통해 "이 법은 엉터리 *ass* 라는 표현도 모자란다. 이 법에 따르자면 서평이나 공연평도 그 책과 티켓을 공짜로 받았다면 '광고'라는 표지를 달아야 하며, 돈을 안 내고 길거리의 유료 망원경으로 월식을 관찰했다면 그 기사도 '광고'라고 해야 한다는 것"이라고 목소리를 높였다. 이 밖에 〈뉴욕 월드〉도 "이 법이 연방법이 아니라 주법이었으면 찬성했을 것"이라고 지면을 통해 반대 입장을 밝혔다(*Editor & Publisher*, 1912. 10. 5: 2). 〈뉴욕 월드〉는 이러한 조항은 성가신 것이며 호기심에 불과하고 사회주의적이며 위헌이라고 규정하였다. 이것이 실행된다면 철도가 연방 정부의 통제에 있는 것처럼 언론도 정부의 통제 아래 들어갈 것이라고 주장하였다(Lawson, 1993: 95).

한편 〈프린터스 잉크〉(1912. 10. 10: 40~4)는 발행인이나 광고주들을 대상으로 신문 공개법에서 발행 부수를 공개하도록 한 조항에 대한 의견을 알아 보았다. 조사 결과를 보도하면서 〈프린터스 잉크〉도 신문 공개법에 대해 다소 부정적인 입장을 피력하였다. 신문 공개법에 찬성하는 〈뉴올리언스 아이템 *New Orleans Item*〉의 제임스 톰슨 James Thompson 의 견해를 소개하면서, 대부분의 발행인들은, 톰슨과 같이 찬성하는 사람들은 이 법이 적용되었을 경우에 대해 충분히 생각하지 않았기 때문에 찬성하는 것으로 생각한다고 말했다.

구체적으로 보면 〈프린터스 잉크〉의 입장은 신문 공개법은 사적 기업에 대한 근거 없는 간섭이며 기술적인 세부 사항들이 모호하게 규정되어 불가피하게 혼란을 초래하리라는 것이다. 예컨대, 발행 부수와 관련해서는 '유료 구독자수 *paid subscriber*'의 의미가 무엇인지가 모호하다는 것이다. 법무 장관 조지 위커샴 George Wickersham이 서면으로 제출한 견해에 따르면 유료 구독자란 "개인적으로 최소한 3호 이상을 연속으로 구독한 자"를 말한다고 한다. 그렇다면 대도시에서 뉴스 도매상들에 의해 판매되는 경우, 날마다 주문 부수가 다른 경우가 많은데 이를 어떻게 할 것이며, 이에 따르면 신문 가판대에서 판매된 것을 포함시키지 말아야 하는 것이라고 주장하였다.

'광고' 표지를 달도록 한 조항 역시 명확한 개념 규정이 안 되어 혼란을 초래하고 있다고 비판하였다. 소유권을 공개하도록 한 조항에 대해서도, 백화점이나 다른 업종에는 이를 요구하지 않으면서 언론에만 이를 요구한다는 불만이 많다는 것이다. 이러한 논리를 제시하면서 〈프린터스 잉크〉는 신문 공개법에 대한 반대 입장을 분명히 하였다.

한편 〈에디터 앤드 퍼블리셔〉도 지면을 통해 신문 공개법에 대해 반대 입장을 표명하였다. 이 법은 정부가 언론의 자유와 재산권을 유례 없는 정도로 침해한다는 것이었다. 특히 발행 부수 공개 조항에 대해 강한 반대 의사를 표명하면서 "발행 부수는 사적인 경영 자료라 할 수 있는데, 다른 제조업이나 상인들, 전문인들에게는 경영 자료를 공개하도록 하지 않으면서 신문에게만 예외적으로 이를 요구하는가"라고 반문하였다.

또한 〈에디터 앤드 퍼블리셔〉는 "반하트가 이 법을 발의한 의도는 자신을 공격했던 신문들에 복수하기 위한 것이라는 이야기가 있다. 만일 이것이 사실이라면 이는 언론의 역사상 유례를 찾아보기 힘든 복수 수단이 될 것"이라고 강도 높게 비판하였다(*Editor & Publisher*, 1912. 9. 28: 10).

언론사 발행인들 중에는 심지어 이 신문 공개법을 조롱하는 듯한 태도를 보인 사람도 있었다. 이 법이 1차 시행에 들어가려 했던 1912년 10월 초에 자료를 제출한 발행인들 중에는 이 법을 우스꽝스럽게 만들려는 내용을 포함시킨 사람도 있었던 것이다. 〈에디터 앤드 퍼블리셔〉(1912. 10. 19: 3)가 보도한 바에 의하면 펜실베이니아 주 캔튼에서 발행되는 〈캔튼 센티널 *Canton Sentinel*〉의 소유자인 프레드 네웰 Fred Newell이 우정성에 자료를 제출하면서 신문 공개법을 조롱하였다는 것이다. 자신이 소유주이며 책임 편집자이자 경영 책임자이며 발행인이라고 밝힌 뒤 네웰은 다음과 같이 말하였다.

법이 요구하는 것은 아니지만 나는 다음의 사항을 기꺼이 밝히고자 한다. 나는 잔디 깎는 기계도 소유하고 있으며 2개의 전화 회사 주식도 소량 보유하고 있다. 깜둥이라고 알려진 이 동네에 사는 개는 나의 소유는 아니지만 가끔씩 우리 주변에 나타난다. 그 개는 가끔 우리 현관 앞에서 잠을 잔다. 우리가 저녁 식사로 닭고기 요리를 준비할 때면 그 개는 우리 집에 달려와서는 얼굴과 손을 핥으면서 선처를 구한다. 우리를 아는 척하는 것은 그 때뿐이다. 그 개는 꽤 노련한 정치인 같다.

나는 그 개가 무엇을 찾고 있는지 모른다. 그러나 최근에 본 것은 그 개가 나의 옷을 물고 늘어져서 나무 토막을 던지자 이를 피해 달려가는 모습이었다.

나는 태프트 대통령을 지지하며 틀니를 하고 있다. 주말에는 주일 학교를 간다.

　　　장관께서 나나 우리 신문에 대해 더 알고 싶은 것이 있으시다면 경찰에 문의하시기 바랍니다.

위의 인용문에서 보는 바와 같이 신문 공개법의 조항을 확대 해석하여 자신의 신상과 관련된 시시콜콜한 내용을 밝히면서 법과 시행 당국을 조롱하는 것이다. 이처럼 주요 신문과 잡지들은 지면과 그 밖의 수단을 동원하여 신문 공개법에 대한 반대 의사를 천명하고 나섰다.

언론 단체의 반대 운동

나아가서 언론들은 각종 언론 단체를 통해 집단적 대응도 추구하였다. 신문 공개법에 대한 반대 운동의 구심점은 아무래도 직접적인 이해 당사자가 되는 발행인들의 모임인 미국 신문 발행인 협회였다. 미국 신문 발행인 협회는 9월 20일 뉴욕에서 열린 모임에서 법원에 신문 공개법의 위헌성을 판결해 달라고 청원하는 결의문을 채택하였다. 회원사들에게는 이 법이 10월 1일부터 시행에 들어간다는 사실을 환기시키면서 이 법의 집행 정지 가처분 신청을 제안하는 내용의 통지문을 전달하였다.

　　이 통지문에는 신문 공개법에 대한 전문가의 법률적 견해도 첨부되어 있다. 그 주요 내용을 보면, 만일 이 법이 합헌으로 판결되어 시행에 들어가면 신문사보다 일반 공중에 더 큰 해악을 끼친다는 주장이다. 그 이유는 신문사 경영의 측면을 정부가 규제한다면, 연방 당국은 불법적으로 개인이나 기업의 사적인 측면을 침해하게 되는 것이며, 따라서 헌법에 보장된 재산권과 자유가 부정되기 때문이라는 것이다(*NYT*, 1912. 9. 21: 5).

미국 신문 발행인 협회의 고문으로서 나중에 〈저널 오브 커머스 앤드 커머셜 불리틴 *Journal of Commerce and Commercial Bulletin*〉이 제소한 신문 공개법의 위헌 소송에서 원고측 변호인을 맡게 되는 로버트 C. 모리스 Robert C. Morris 는 이 법이 위헌이라며 다음과 같이 주장하였다 (*NYT*, 1912. 9. 2: 5).

이 법은 공중 도덕이나 공공 건강에 대한 훼손을 방지하는 것이 아니며, 공공 복지에 대해서도 어떠한 영향을 줄지 파악하기 어렵다. 반면 이 법은 특정 집단에 대해 압제적이며 합법적인 직업 집단에 부당하고 불필요한 부담과 제약을 부과하고 있다. 또한 기본법상 침해되어서는 안 되는 자유와 재산권을 침해하고 있다.

소비세법에 따라 과세를 하더라도 그 근거가 있어야 하는 법인데, 이 법은 아무런 근거도 없이 자료를 요청하고 있다. 뉴욕 주법에서도 그런 것처럼 소유주의 이름을 밝히라는 것은 적절하고 합당한 것이지만 그 이상은 아무런 근거가 없다.

이 법은 지나친 호기심의 발로에 불과하며 합법적인 개인 기업의 세부 사항을 캐려 하고 이를 아무런 이득도 없이 공개하려 한다. 이 법은 사적 기업에 부당한 장애가 될 뿐이므로 위헌이라고 확신한다. 우리는 협회의 회원사를 통해 이 법의 위헌성을 심판하기 위한 적절한 행동을 취해 그 시행을 저지시킬 것이다.

신문 공개법을 조목조목 비판하면서 반대 의사를 분명히 하고 회원사를 통해 위헌 소송을 제기할 방침임을 밝히고 있다. 한편 당시 〈뉴욕 선〉의 고문을 맡고 있었으며 이후 〈뉴욕 모닝 텔리그래프〉가

제기한 소송의 변호인을 맡게 되는 전 법무 장관 제임스 베크James Beck도 다음과 같이 반대 논리를 폈다(*NYT*, 1912. 9. 21: 5).

연방 정부는 명시적 혹은 암묵적으로 위임되지 않은 것에 대해서는 권한이 없다. 언론의 자유를 보장한다는 것 외에는 헌법에 언론과 관련된 언급은 아무것도 없다. 언론은 이론상으로나 실질적으로 제4부의 역할을 하고 있다. 따라서, 정부의 부당한 간섭으로 그 자유가 침해된다면 이는 우리 사회 체제의 유지에 중대한 문제가 될 수 있는 것이다.

이번 경우처럼 주의 권한을 심대하게 강탈한 사례는 내가 알고 있는 한 전례가 없다. 이것은 명명백백하게 주의 권한을 침해하는 것이다. 이러한 이유 때문에 나는 이 법이 위헌이며 무효라고 주장하며, 지방 법원이나 대법원까지 가더라도 이러한 판결을 받으리라는 것을 확신한다.

연방 정부가 월권을 행사하는 것이라고 주장하면서 유례 없는 언론 규제라고 비판하고 있다. 신문 공개법은 언론을 규제하려는 것이라는 베크의 의견에 〈뉴욕 타임스〉도 12월 6일자 지면을 통해 전적으로 동감임을 표명하였다. 14면에 실린 "A Question to be Decided"라는 제목의 기사에서 〈뉴욕 타임스〉는 "이 법은 언론에 대한 규제라는 것 외에는 설명할 수도 없고 아무런 의미도 없다. 그러나 의회가 언론을 규제할 권한은 없다. 신문 공개법은 우회적인 방법으로 언론 규제를 시도하는 것"이라고 주장하였다.

미국 신문 발행인 협회는 신문 공개법에 내한 항의 의사를 대통령에게 전달하였으며 회원사의 발행인과 편집인들에게 회람을 돌려 이 법에 대해 관심을 가지고 지켜 볼 것을 촉구하면서 언론에 대한 규제로부터 스스로를 보호해야 한다고 주장하였다(*NYT*, 1912. 9. 24: 10).

지역적으로도 발행인들은 조직적인 대응을 보여 주었다. 일리노이 일간 신문 협회(Illinois Daily Newspaper Association)는 1912년 11월 20일 시카고에서 회합을 갖고 신문 공개법에 반대한다는 결의문을 만장 일치로 채택하였다(*NYT*, 1912. 11. 21: 1).

일리노이 발행인 협회는 "연방 정부의 언론 정책이 가부장적 성격을 점차 강화하고 있다"고 비판하면서 "이 법은 일반 대중과는 전혀 관련 없는 방식으로 공개를 요구하고 있다"고 비난하였다. 전국 농민 회의(The Farmer's National Congress)는 이 법은 지나치게 단순화한 법이라고 비판하였다. 이들은 번 상원 의원에게 보낸 서한에서 "비애국적인 인물이나 기업이 언론을 소유하거나 저당잡음으로써 통제하려 해도 이 법처럼 서투른 방법으로는 밝혀 낼 수 없을 것"이라고 주장하였다(Lawson, 1993: 96).

이처럼 언론사들은 미국 신문 발행인 협회 등의 언론 단체를 중심으로 집단적 대응을 모색하면서 그 일환으로 소송을 추진하였음을 알 수 있다.

(2) 언론계의 반대 논리들

언론 자유의 침해

그렇다면 언론계가 이처럼 신문 공개법에 반대하면서 내세운 논리는 무엇이었나를 정리해 보기로 하자. 언론계가 이 법에 반대하면서 내세운 가장 큰 명분은 언론의 자유를 침해한다는 것이었다. 〈뉴욕 타임스〉는 관련 기사를 보도하면서 연일 이 법이 언론 자유에 심각한 위협이 되리라는 것은 명백하다고 강도 높게 비판했다. 예를 들면 1912년 9월 19일자 6면에 실린 "Would Have Press Label News 'Adv'"라는 제목의 기사와 1912년 9월 20일자 6면에 실린 "Press Fears for Liberty"라는 제목의 기사 등이 있다.

〈에디터 앤드 퍼블리셔〉(1912. 9. 28: 10)는 지면을 통해 "신문 공개법을 반대하는 정당한 명분은 이 법이 실제적으로 무엇을 얻으려고 하느냐보다는 이 법이 연방 정부가 언론 검열로 가는 단계이며 헌법에 명시된 언론 자유를 구속하고 주의 권한을 침해한다는 데에 있다"고 말함으로써 언론 자유에 대한 침해가 우려된다는 점이 신문 공개법을 반대하는 가장 큰 명분이라고 주장하였다.

차별적 적용

또 하나의 반대 이유는, 주로 일간지들에 의해 제기된 것으로서 이 법이 차별적이라는 것이다. 다시 말해 발행 부수에 관한 정보가 필요한 것은 일간 신문뿐만 아니라 주간 신문이나 잡지 등의 경우도 마찬가지인데, 발행 부수 공개를 일간지에만 적용토록 한 것은 잡지 등의 간행물과 주간 신문에게 혜택을 주는 차별적 정책이라는 주장이다 (*NYT*, 1912. 9. 13: 5).

또한 경영에 관한 사항을 다른 기업들에게는 요구하지 않으면서 일간 신문에만 요구하는 것도 차별적 입법이라는 비판도 많았다. 〈에디터 앤드 퍼블리셔〉(1912. 9. 28: 10)는 "An Objectionable Law"라는 제목의 기사에서 신문 공개법의 발행 부수 공개 조항에 대해 특히 반대가 심하다고 보도하면서 "발행 부수는 사적인 경영 자료이다. 다른 제조업자들이나 상인들, 전문인들에게는 경영 자료를 공개하도록 하지 않으면서 신문에게만 예외적으로 이를 요구하는가"라고 반문하였다.

이처럼 발행 부수를 공개하도록 규정한 조항과 관련하여 이 규정을 주간 신문이나 잡지에는 적용하지 않으면서, 그리고 다른 기업들에게는 경영 자료 공개를 요구하지 않으면서 일간 신문에만 요구하는 것은 차별적이라는 비판도 일간 신문들의 반대 논리 가운데 하나였다.

법 제정 절차의 문제점

또 다른 반대 논리는 이 법의 형식이 과연 합법적이냐 하는 문제와 관련된 것이었다. 즉, 신문 공개법이 부가 조항으로 발의되고 통과된 것은 그 형식상 중대한 결점을 가진 것으로, 이 법의 절차적 타당성에 문제가 있음을 말해 준다는 주장이다. 과거의 의회 조례 House Rules에는 세출 법안에 부가 조항을 달 수 없도록 되어 있었다. 그러나 개정된 의회 조례에서는 정부의 경비 절감을 이유로 허용하도록 개정되었다. 하지만 신문 공개법의 경우, 우정성에 새로운 업무를 부과함으로써 경비를 절감하는 것이 아니라 증대시키므로 의회 조례를 위반했다는 것이다(*NYT*, 1912. 9. 13: 5).

또한 이 법의 제정 과정에서 나타난 절차상의 문제도 제기하였다. 이처럼 중요한 법이 사전 예고도 없이, 또 청문회나 조사 과정도 거치지 않고 통과되었다는 것이 반대의 논리였다(*Editor & Publisher*, 1912. 9. 28: 10). 〈뉴욕 타임스〉(1912. 9. 21: 5)도 "How the Law was Passed"라는 제목의 기사에서 "신문 공개법 제정 절차에서 가장 큰 특징은 상원의 마지막 회기 막바지에 당연히 거쳐야 할 적절한 논의 절차도 생략한 채 서둘러 통과되었다는 점이다"라고 지적함으로써 절차상의 문제를 언급하였다.

이처럼 절차에 대한 문제 제기가 비등하자 한때 이에 대한 청문회를 시도하기도 했던 것으로 보인다. 〈에디터 앤드 퍼블리셔〉 (1912. 6. 22: 2)를 보면 신문 공개법에 대한 이의 제기가 받아들여져 조만간 청문회가 열릴 것이라는 내용의 기사가 보도된 적이 있다. 이 기사는 신문 공개법 내용과 조문을 보도하면서 귀추를 예의 주시할 필요가 있다고 경고하기도 하였다. 그러나 실제로 청문회는 열리지 않았다. 이 때문에 반대론자들에 의해 절차상의 문제로 지적됐던 것이다.

법 제정 의도에 대한 의혹

신문 공개법의 제정 의도에 대해서도 많은 문제 제기가 있었다. 〈뉴욕 타임스〉도 이 문제에 대해 언급하면서 "한 가지 납득이 안 가는 것은 자신도 〈로체스터 센티널〉의 발행인을 겸하고 있는 반하트가 왜 언론 통제를 발의하였는지이다"라고 의문을 표하였다. 〈뉴욕 타임스〉는 이 문제에 대해 "양당의 일부 의원들이 견지하고 있는 급진주의 *radicalism*에 대해 반대 입장을 취하는 광역 대도시의 일간지를 목표로 한 것이 아닌가 생각해 볼 수 있다"는 견해를 표명하였다 (*NYT*, 1912. 9. 9: 7).

〈뉴욕 타임스〉는 이러한 견해를 여러 차례에 걸쳐 언급하였다. 얼마 뒤인 9월 19일자 지면에서도 이와 비슷한 견해가 보인다. 6면에 실린 "Would Have Press Label News 'Adv'"라는 제목의 기사를 통해 "이 법은 세간의 평가에 의하면 그 동안 연방 의회가 제정한 개혁 법안들과 상·하원의 개혁적 의원들이 주창한 법안에 비판적이었던 신문사들에 대해 일부 상·하원 의원들이 복수하기 위해 만든 법이라고들 한다. 이 법에 대해 비판적인 인사들은 이 법의 가장 중요한 조항이 잡지나 기타 간행물에는 적용되지 않는다는 사실만 봐도 잘 알 수 있다고 주장한다"는 것이다.

뿐만 아니라 9월 24일자 지면에서도 10면의 "To Pass on Newspaper Law"라는 제목의 기사에서 "아마도 이 법에 찬성표를 던진 의원들 가운데 상당수는 이 법이 광역 대도시 신문을 목표로 한 것으로 생각했을 가능성도 있다. 그러나 그들은 오래지 않아 자신들의 생각이 잘못되었음을 알게 되었을 것이다. 이 법이 시행되면 시골 신문들이 훨씬 더 큰 타격을 입게 될 것이다"라고 보도하고 있다. 이처럼 신문 공개법이 대도시의 일간지들을 의식하고 제정된 것이라는 사실을 여러 차례에 걸쳐 보도한 것을 보면 〈뉴욕 타임스〉는 이러한 견해에 상당한 비중을 두었던 것으로 생각할 수 있겠다.

신문 공개법의 제정 의도에 대한 의혹은 업계지 〈에디터 앤드 퍼블리셔〉도 마찬가지였다. 이 잡지도 (1912. 9. 14: 1) "이 일과 관련하여 알 수 없는 것은 자신도 〈로체스터 센티널〉의 발행인인 반하트가 왜 이런 법안을 발의했는가 하는 문제"라고 논평하였다. 이처럼 이 법안의 배경과 의도를 둘러싸고 의혹의 눈길을 보내는 견해들이 많아서 이와 관련하여 적지 않은 유언비어가 유포되었다 (NYT, 1912. 9. 13: 5).

이에 대해 신문 공개법의 발의자였던 반하트는 반격에 나섰다. 〈뉴욕 타임스〉의 기자에게 자신도 한때 언론인이었던 사실을 일깨우며 반하트는 그가 어떤 원한이나 악의에서 이 법을 제안한 것은 아니라고 부정하였다. 오히려 그가 이 법을 초안하게 된 것은 "공중으로 하여금 그들이 읽는 잡지를 누가 소유하고 편집하고 통제하는지를 알게 하기 위해, 사사로운 혹은 잘못된 목적으로 언론을 소유하고 통제하는 비밀 소유주와 발행인의 베일을 걷어 내고, 정당하고 바람직한 언론이 이러저러한 금전적 영향력에 휘둘리고 있다는 부당한 오명을 벗겨 주기 위해서"였다고 설명하였다.

　　나아가서 책임 있는 언론인이자 발행인이라면 이 법을 받아들일 것이라고 반하트는 예견하였다. 이에 찬성하지 않는 사람들은 아마도 대언론사의 소유주로서 자신들이 퍼킨스나 모건 같은 재계의 대부호들에 의해 소유되거나 영향을 받고 있다는 사실이 알려지기를 원치 않기 때문일 것이라고 주장했다(*NYT*, 1912. 9. 22: 4).

(3) 찬성 입장

모든 언론사가 신문 공개법에 대해 반대했던 것은 아니다. 3장에서 미국 언론이 상업화되면서 나타났던 폐해를 논하면서 일부 정직한 발행인들이 존재했음을 지적한 바 있다. 이들을 중심으로, 언론계에서도 신문 공개법에 대해 찬성하는 발행인들도 상당수 있었다. 코네티컷 주의 뉴런던에서 발행되는 〈이브닝 데이 *Evening Day*〉의 발행인 테오도르 보덴와인 Theodore Bodenwein 은 〈에디터 앤드 퍼블리셔〉에 기고한 "Protection for Advertisers"라는 제목의 글에서 〈에디터 앤드 퍼블리셔〉(1912. 9. 21: 10)가 지난 호(9월 14일자)에서 신문 공개법에 대해 비판적으로 보도한 사실은 문제 있다고 지적하면서 다음과 같이 주장하였다.

불행하게도 지금 전국에는 수많은 신문들이 직·간접적으로 발행 부수를 속이면서 상인이나 광고주들의 돈을 부당하게 벌어들이고 있다. 이 법은 이러한 신문들을 몰아 내 줄 것이다. 옷감 장사가 옷감의 치수를 속이거나 감추어서는 안 되는 것처럼 신문도 발행 부수를 감추어서는 안 된다. 발행 부수가 기업 비밀이어서는 안 된다.

이러한 주장에 덧붙여서 그는 신문 공개법은 언론계의 이와 같은 장막을 걷어 낼 것이라면서 〈에디터 앤드 퍼블리셔〉도 이 법을 지지해 줄 것을 기대한다고 말하였다.

미국 신문 발행인 협회는 회원사들에게 서한을 보내 신문 공개법에 대한 의견을 보낼 것을 요구한 바 있다. 이에 대한 회신 중에도 찬성 의견이 상당수 있었다. 〈디트로이트 뉴스 *Detroit News*〉의 사장 조지 부스 George Booth 는 서한을 통해 다음과 같이 자신의 견해를 밝혔다.

만일 신문들이 이번 법에 반대 입장을 취한다면 독자들의 신문에 대한 신뢰도는 심각한 위협을 받을 것으로 생각한다. 나도 이 법이 신문에만 차별 적용되는 것은 잘못이라고 생각한다. 종교지까지도 포함하여 모든 간행물들이 적용 대상이 되어야 마땅하다고 생각한다. 그러나 이 법이 신문에 적용되는 것을 반대할 명분은 없다. 일반 대중들도 신문사 내부의 일에 대해 알아야 할 필요성은 점차 커지고 있다. [……] 신문은 준공공적 기관이다. 이러한 신문에 대해 대중들이 호기심을 갖지 않는다면 오히려 그것이 이상하다. 그들이 소유권에 대해 알게 되면 그 내용을 이해하는 데 도움이 될 것이다. 나는 신문 발행인 협회가 이 법의 문제점을 해결하고 이 법이 추구하는 정보를 제공하여 이 법을 보다 완벽하게 만드는 데 힘을 기울여야 한다고 생각한다(*Editor & Publisher*, 1912. 9. 28: 15).

일간지에만 차별적으로 적용되는 문제점을 지적하고는 있지만 그것만으로 이 법에 대해 반대할 명분은 되지 않는다는 의견을 천명하고 있다. 〈뉴올리언스 아이템〉의 발행인 톰슨도 미국 신문 발행인 협회장에게 보낸 회신에서 찬성의 견해를 밝혔다(*Editor & Publisher*, 1912. 10. 5: 2).

신문 공개법에 대해 자세히 검토해 본 결과 이 법이 시행되면 전국적으로 많은 이득이 있으리라는 확신을 갖게 되었다. 나도 발행 부수 공개 대상에 일간 신문뿐만 아니라 주간 신문과 잡지까지 포함되어야 한다고 생각한다. 이 점에서 보완될 필요가 있을 것이다. 인쇄 매체업에 관심을 가지고 있는 사람들은 모두 이 법에 찬성할 것으로 믿는다. 〈뉴욕 월드〉는 이 법이 연방법이 아니라 주법이었다면 찬성하였을 것이라는 입장을 표명한 바 있다. 나는 신문 발행인 협회가 이 법에 반대 운동을 할 게 아니라 의회를 도와 이 법을 보다 완벽하게 만드는 데 힘을 쏟아야 할 것으로 생각한다.

한편 신문 공개법의 내용 중에서도 소유권 공개 조항은 상대적으로 언론계의 반대가 덜했으며 많은 언론사들이 찬성하였다. 〈뉴욕 글로브 *New York Globe*〉, 〈시카고 트리뷴 *Chicago Tribune*〉, 〈솔트 레이크 헤럴드 *Salt Lake Herald*〉, 〈워싱턴 스타 *Washington Star*〉, 〈보스턴 포스트 *Boston Post*〉, 〈크리스천 사이언스 모니터 *Christian Science Monitor*〉 등이 바로 소유권 공개를 지지하고 나선 신문들이다.

〈워싱턴 스타〉는 "신문은 공공 기관이다. 우정성과의 관계에서 신문은 공적 특권 *public franchise* 을 누려 왔다"면서 "소유권과 관련해서는 비밀이 있어서는 안 된다"고 주장하였다. 〈시카고 트리뷴〉은 "요즘과 같은 산업 규제의 시대에 신문도 다른 업계와 동등하게 취급되어야 한다. 공개를 강제한 것은 훌륭한 정책이라고 믿는다"고 천명하였다. 〈보스턴 포스트〉도 공개는 훌륭한 정책이라면서 "신문이 다른 모든 이들에게 마음껏 공개를 권했던 것처럼 이제는 자신들을 밝은 빛 속으로 공개해야 할 것이다"라고 주장하였다. 〈크리스천 사이언스 모니터〉는 "이 법은 사람들에게 진짜와 가짜를 가려 낼 수 있는 정보를 제공해 줄 것이다"라고 논평하였다. 미네소타에서 발행되던 〈레드 윙 리퍼블리칸 *Red Wing Republican*〉의 발행인 젠스 그론달 Jens Grondahl 은 인민주의적 입장에서 언론 규제를 옹호한 사설을 통해 다음과 같이 주장하였다 (Lawson, 1993: 97~8).

> 정치인들이나 대기업, 그리고 소수의 특별한 인사들이 전국의 크고 작은 신문을 인수하였다. 이들은 신문을 독자를 위하여 운영한 것이 아니라 그들 자신이나 후원자의 이익을 위해 운영하였으며, 중요한 이슈에 대해 대중을 오도하고 혼란스럽게 한 경우도 자주 있었다. 이 법은 해적과 같은 신문업계를 정화해 줄 것이며, 또한 신문의 품위를 지켜 줄 유일한 보호막이다.

위에서 살펴본 바와 같이 언론계 내에서도 정직한 발행인들을 중심으로 신문 공개법에 대해 찬성하는 발행인들도 상당수 존재했음을 알 수 있다. 이들은 온갖 거짓과 기만이 난무하는 언론계의 풍토에서 자신들의 입지가 자꾸만 위축되어 가는 가운데 이를 규제할 장치로서 신문 공개법이 등장하자 이를 반겼던 것이다. 즉, 이들의 논리는 신문 공개법이 언론계의 온갖 부조리를 정화하는 데 도움이 될 것으로 보았던 것이다.

(4) 광고계의 입장

대다수 언론이 신문 공개법에 대해 반대했으리라는 것을 어렵지 않게 짐작할 수 있는 것과 마찬가지로, 당시 광고계가 이 법에 대해 찬성했으리라는 것도 쉽사리 짐작할 수 있다. 광고 대행업계나 광고주들은 신문 공개법에 대해 지지하는 입장을 가지고 있었다.

〈프린터스 잉크〉(1912. 10. 10: 40~4)는 발행인이나 광고주들을 대상으로 신문 공개법에서 발행 부수를 공개하도록 한 조항에 대한 의견을 알아 보았다. 회신된 내용을 보면 신문 공개법에 찬성하는 광고주의 입장도 포함되어 있다. 예컨대 크림 오브 휘트사Cream of Wheat Company의 임원 콜로넬 메이프스의 의견이 소개되었는데, 그는 "이 조항이 해로울 것은 전혀 없다"면서 기본적으로 찬성하는 입장을 밝히고 있다. 하지만 그는 "발행인들이 발행 부수를 속이는 데 별다른 죄의식도 느끼지 못하는 현 상황에서 이 조항이 효력을 발휘하려면 제출한 자료를 우정성이 다시 실사하여 확인해야 한다"고 덧붙였다. 신문 공개법에 대해 단순하게 찬성하는 데서 그치는 것이 아니라 이것이 보다 철저하게 시행되기를 기대하고 있음을 알 수 있다.

그러나 신문 공개법의 제정 당시를 전후로 대다수 언론이 이 법에 대해 반대 입장을 표명하던 상황에서 광고계의 찬성 입장은 언론의 지면에 제대로 반영되지 않았던 것 같다. 광고계의 찬성 입장이 언론에 본격적으로 반영되기 시작한 것은 대법원 판결 이후 신문 공개법이 시행에 들어가고 난 뒤의 일이다.

　　뒤에 다시 얘기하겠지만, 이 때쯤에는 신문 공개법에 대한 업계의 인식도 점차 긍정적으로 바뀌어 갔다. 그러면서 광고계의 찬성 입장도 지면을 통해 소개되기 시작하였다. 대표적인 예가 〈에디터 앤드 퍼블리셔〉이다. 이 잡지는 1914년 7월 4일자 36면에 실린 "Advertising Agents for Bourne Law"라는 제목의 기사를 통해 자신들 스스로도 신문 공개법에 대한 반대 입장에서 찬성으로 변화된 것을 언급하면서 "전국 신문 광고 책임자들이나 광고 대행업자들은 신문의 발행 부수를 공개하도록 한 신문 공개법이 시행되어야 한다는 〈에디터 앤드 퍼블리셔〉의 입장을 지지하고 있다. 이러한 내용을 담은 서한이 에디터 앤드 퍼블리셔사에 답지하고 있다"고 보도하고 있다.

　　이 기사는 이어서 광고주들이 보내 온 서한을 몇 개 소개하고 있다. 광고업계의 입장은 대개 발행 부수를 공개하도록 한 내용에 관심이 집중되고 있다. 케이프하트 매크넌 메소드사 Capehart's Maiknown Methods의 사장 찰스 케이프하트 Charles Capehart 는 "신문이 발행 부수를 공개하는 것은 야채상이나 푸줏간에서 채소나 고기를 팔면서 무게를 달아서 파는 것과 똑같은 이치"라며 신문 공개법에 대한 찬성 의사를 밝혔다.

　　필라델피아에서 광고 대행사를 경영하고 있는 리처드 폴리 사장은 "나는 정부가 사적 기업을 규제하는 것에 반대한다. 하지만 신문이나 잡지들은 공공에 봉사하는 사적 기업이라는 점에서 특수성을 지닌다. 나아가서 특별한 방식이 아니면 그 가치를 평가하는 것이 불가능한 상품의 경우에는 이를 규제할 특별 입법이 필요하다고 생각한다"면서 신문 공개법에 대한 지지 의사를 천명하였다.

(5) 행정부의 입장

대통령의 입장

연방 의회가 언론을 규제하는 신문 공개법을 제정한 데 대해서 당시 행정부의 입장은 다소 혼란스러운 양상을 보여 주었다. 언론계의 거센 반대에 직면하자 당시 미국 대통령 태프트는 1912년 9월 23일경 법무 장관 조지 위커샴에게 의회가 언론을 규제하는 것이 헌법상 근거가 있는가를 문의하였다. 그리고 '유료 구독자'란 무얼 말하는지와 이 법이 우편 제도 이외의 방법으로 배포되는 간행물들에도 적용되는지 등의 세부적인 문제에 관해서도 문의하였다(*NYT*, 1912. 9. 24: 10).

　　이 사실은 당시 대통령 태프트도 신문 공개법에 대해 명확한 입장을 갖지 못했음을 말해 준다고 하겠다. 실제로 〈에디터 앤드 퍼블리셔〉(1912. 9. 28: 1)가 보도한 내용을 보면 당시 대통령 태프트는 신문 공개법의 합헌성에 대해 부정적 견해를 가지고 있었다고 한다. 이는 아마도 언론계의 극심한 반대가 주요 요인이 되었을 것이다. 당시 대통령 선거를 앞두고 윌슨, 루스벨트와 함께 치열하게 3파전을 벌이고 있던 태프트로서는 언론의 눈치를 보지 않을 수 없었을 것이다. 이 밖에도 법무 장관이나 우정 장관도 부정적인 견해를 가지고 있던 데에도 영향을 받았을 것으로 생각해 볼 수 있다.

우정성의 입장

한편 주무 부서인 우정성도 이 법에 대해 다소 부정적이었던 것으로 알려져 있다. 신문 공개법이 의회를 통과하자 주무 부서인 우정성은 법 시행 준비에 들어갔다. 그러나 당시 우정성은 최고 책임자인 장관이나 실무 관료들 대부분이 신문 공개법의 시행에 대해 달가워하지 않는 분위기였던 것 같다. 이러한 사실은 우정성 장관 히치콕이 상원에 보낸 서한을 통해 확인할 수 있다. 서한을 통해 히치콕은 신문 공개법에 대한 반대 의사를 분명히 했다. 다음은 그 서한의 전문이다.

나는 신문과 잡지로 하여금 소유주(들)와 책임 편집인(들)을 밝히게 한 조항과 돈을 받고 쓴 기사에 대해서는 '광고'라는 표지를 달도록 한 조항에 대해 말하고 싶습니다. 내가 판단컨대 이 조항은 불필요할 뿐만 아니라 해롭기까지 한 것으로 생각합니다. 이 조항은 간행물의 귀중한 지면을 계속 차지할 뿐만 아니라 언론에 대한 검열이라는 비난을 받게 될 것입니다.

제2종 우편물 관련법을 집행하는 데 가장 큰 애로 사항은 우정성이 각 발행인의 개인 기업 경영의 여러 측면을 조사하지 않을 수 없다는 점입니다. 이것 때문에 정부가 언론의 특권에 쓸데없이 훼방을 놓는다는 잘못된 불평을 듣게 되는 것입니다. 이 조항이 적용되어야 할 유일한 경우는 계약 관계를 명확히 하거나 명예 훼손과 관련한 일이 생겼을 때일 것입니다. 이 때에는 신문과 잡지의 소유주와 기고자를 밝힐 필요가 있다고 생각합니다. 이 두 사례도 연방 당국이 아니라 주 차원에서 사법적 판단이 이루어져야 할 사안입니다.

우편법과 규제를 시행하기 위해서 언론을 감독해야 할 필요성을 최소화하는 것이 의회와 우정성의 유일한 목적이 되어야 한다는 것이 본인의 생각입니다. 나는 이 조항이 법으로 확정되지 않기를 간절히 소망합니다(*NYT*, 1912. 9. 13: 5).

신문 공개법의 소유권 관련 조항과 위장 광고 관련 조항에 대해 우정성 장관이 강한 반대 의사를 가지고 있음을 알 수 있다. 이러한 조치들은 각 주가 알아서 할 일이지 연방 정부가 나설 일이 아니며 언론 자유를 침해하게 되리라는 것이 반대의 주된 논지였다.

한편 우정성의 실무 관계자들도 신문 공개법에 대해 비판적인 입장을 지니고 있었다. 이들은 새 법이 언론에 별 소득도 없이 번거로운 부담만 줄 뿐 아니라 우정성에도 힘든 일을 새로이 부과하고 있다고 불평하였다고 한다. 〈에디터 앤드 퍼블리셔〉(1912. 9. 14: 1)의 보도에 따르면 우편 관료들은 말은 하지 않고 있지만 앞으로 있게 될 이 법에 대한 재판 결과에 대해서도 회의적이었다고 한다. 특히 우편을 이용해서 배포하는 부수만이 아닌 전체 발행 부수를 공표하도록 한 부분에 대해서 더욱 그러하다는 것이다.

그러나 이러한 반대에도 불구하고 우정성 장관 히치콕은 이 법의 합헌성 여부는 재판에서 최종적으로 가려지겠지만 현재로선 이 법을 집행하는 외에는 다른 방도가 없다는 것을 잘 알고 있었다고 한다(*NYT*, 1912. 9. 9: 7). 그래서 그는 기회 있을 때마다 발행인들에게 우정성은 이 법은 좋아하지 않지만 이를 '충실하고 공정하게' 집행하리라는 것을 밝히곤 했다는 것이다(Lawson, 1993: 83).

법무성의 입장

앞에서도 지적한 것처럼 행정부의 수반인 대통령이나 신문 공개법을 집행하는 기관의 장인 우정성 장관은 모두 이 법의 시행을 앞두고 언론계의 반대가 심하고 구체적 시행에 관한 문의가 쇄도하자 법무성에 의견과 해석을 구하였다. 태프트 대통령이 자문을 구한 데 대해 법무 장관 위커샴은 "이 법이 공공의 권리를 위축시키고 지나치게 처벌이 무겁다"면서 하지만 "현재로서는 이 법을 집행하지 않을 수 없을 것"이라는 회답을 보냈다(*Editor & Publisher*, 1912. 9. 28: 14) .

우정성 장관 히치콕이 의견을 청구한 데 대한 회신에서 법무 장관 위커샴은 '유료 구독자'에 대해 최소한 3호 이상을 연속으로 주 문하는 독자를 말한다는 우정성의 견해에 찬성하면서 다음과 같이 규정하였다(*Printer's Ink*, 1912. 10. 10: 66) . "구독자란 일정 기간 동안 정해진 요금을 지불하기로 합의하고 신문을 받아 보는 사람으로서, 신문을 받은 다음 지불할 책무가 없는 우연적인 구매자와는 구별된 다. 구독은 직접적이거나 중간 단계를 거친 간접적인 것 모두를 포함 한다. 그러나 일정 부수에 대해 돈을 지불하지 않고 판매나 배달을 목적으로 업자에게 배포되는 것은 제외한다"는 견해를 밝혔다.

위커샴은 이 법의 위헌성에 대해서는 언급하지 않았다. 그러 나 그는 대통령에게 보낸 서한에서와 마찬가지로 이 법이 규정한 처 벌이 너무 엄하다는 의견을 내비쳤다. 법이 정한 내용을 따르지 않았 다고 우편 이용에서 배제하는 것은 제2종 우편 제도의 이용권뿐만 아 니라 나아가서 우편 제도 이용권 자체를 부정하는 것이라는 견해를 피력했다는 것이다(*NYT*, 1912. 9. 27: 5) .

위에서 살펴본 바와 같이 법무부 장관 역시 이 법의 합헌성 등 의 문제에 대해 확신을 갖지 못했음을 알 수 있다. 이처럼 연방 의회 를 통과하여 시행을 눈앞에 둔 시점에서도 시행의 주체가 되는 행정 부와 관련 당사자들도 신문 공개법에 대해 소극적이거나 반대 입장 이었던 것이다.

당시 행정부가 이처럼 신문 공개법에 소극적이었던 것은 당시 의 정치 상황과도 밀접한 관련이 있다. 당시는 새 대통령 선거를 눈 앞에 둔 시점이었다. 다시 말해, 태프트 대통령 행정부의 임기가 거의 막바지에 이르던 때였기 때문에 새로운 일을 벌이는 데 대해 소극적이었던 것으로 볼 수 있다는 말이다. 이러한 해석은, 뒤에서 다시 얘기하겠지만, 그 해 선거에서 윌슨이 당선되고 1913년에 접어들어 새로운 행정부가 구성되자 정부가 적극적으로 나서게 되었다는 사실로도 뒷받침된다.

2) 위헌 소송

(1) 뉴욕 지방 법원에서의 소송

소송의 제기

신문 공개법에 대한 언론계의 반대 운동은 급기야 법정으로까지 비화되었다. 뉴욕의 〈저널 오브 커머스 앤드 커머셜 불리틴〉은 1912년 10월 9일 뉴욕 지방 법원에 우정성 장관과 법무 장관, 그리고 뉴욕 우체국장, 지방 검사를 상대로 신문 공개법의 위헌성을 제소하였다. 우정성 장관 프랭크 히치콕과 법무 장관 조지 위커샴, 뉴욕 우체국장 에드워드 모건 Edward Morgan, 지방 검사 헨리 와이즈 Henry Wise가 공동 피고였다 (NYT, 1912. 10. 10: 24).

이와 비슷한 시기에 뉴욕 지방 법원에는 신문 공개법과 관련된 또 하나의 소장이 접수되었다. 이는 〈뉴욕 모닝 텔리그래프〉를 발행하던 루이스 출판사가 뉴욕의 우체국장 모건을 상대로 청구한 것으로서 신문 공개법의 시행을 정지시켜 달라는 내용을 담고 있었다 (Printer's Ink, 1912. 10. 24: 13).

소송 원고는 〈저널 오브 커머스 앤드 커머셜 불리틴〉과 〈뉴욕 모닝 텔리그래프〉의 두 개별 언론사였지만, 이는 사실상 미국 신문 발행인 협회의 지지를 바탕으로 협회를 대표하여 법정 투쟁을 벌인 것이라 볼 수 있다(*Printer's Ink*, 1912. 10. 17: 50). 실제 이 협회는 신문 공개법에 대한 법정 투쟁을 벌이기로 결정하고 어떤 발행인이든 제소하면 변호사를 지원해 주기로 결정한 바 있다(Lawson, 1993: 86). 이 언론사들이 소송을 하기로 결정하자 협회의 고문 변호사들을 변호인으로 지원해 주었던 것이다.

재판에 돌입하면서 〈저널 오브 커머스 앤드 커머셜 불리틴〉은 지면을 통해 "우리는 이 재판이 적절하고도 바람직한 일이라는 것을 확신한다. 또한 이처럼 정부의 중요한 정책이 연관되어 있으며 많은 사람들의 막대한 이해 관계가 좌우되는 문제에 대해서는 최종적이고도 권위 있는 결정이 날 때까지 법원이 이의 시행을 중지시켜 줄 것을 믿어 의심치 않는다"(*Printer's Ink*, 1912. 10. 17: 50)고 자신들의 입장을 밝혔다.

소장의 주요 내용

소장의 내용은 피고들로 하여금 원고가 된 해당 신문사에 신문 공개법을 집행하지 못하도록 해 달라는 것이었다. 이유는 이 법의 적용을 받는다면 사업은 엉망이 될 것이며, 적절한 법적 절차 없이 재산권을 침해받기 때문이라는 것이다. 〈뉴욕 타임스〉는 이 사실을 보도하면서 지법에서의 판결과는 상관없이 이 사안은 대법원까지 가리라는 것은 명약관화하다는 견해를 피력하였다. 이어서 〈뉴욕 타임스〉는 이 재판에 대한 원고측 변호인 로버트 모리스의 다음과 같은 견해를 인용·보도하였다(*NYT*, 1912. 10. 10: 24).

이 재판은 신문을 비롯한 언론사뿐만 아니라 이에 종사하는 언론인들에 대하여 매우 중요한 의미를 지닌다. 이 재판을 통해 국가가 법을 동원해 사적인 정보를 공개할 권한을 가지고 있느냐가 판가름될 것이기 때문이다. 국가가 개인 기업의 상업적 활동을 규제하고 소비세를 부과할 목적으로 조사할 권한이란 아무런 근거가 없는 것이다.

　　내 견해로는 이 법은 정당한 법적 절차 없이 자유와 재산을 빼앗는 것이며, 법의 평등한 보호를 부정하고 언론의 자유를 구속하는 것이기 때문에 의회의 입법권을 벗어나는 것으로서 불법적이며 무효다.

신문 공개법은 법적 근거 없이 개인의 자유와 재산을 침해한다는 것이다. 이처럼 원고측은 신문 공개법이 언론의 자유를 침해하는 법으로서 수정 헌법 제1조에 위배되는 것이라고 주장하였다(*NYT*, 1912. 10. 10: 24; 1912. 12. 3: 4).

뉴욕 지법의 판결

뉴욕 법원은 이 재판을 그 해 10월 15일 기각시켰으며, 원고측의 항소에 의해 이 재판은 바로 대법원으로 넘어갔다. 대법원은 그 해 12월 2일부터 이 건에 대한 심리를 시작하였다. 이 재판이 이처럼 신속하게 지방 법원에서 대법원으로 넘어갔던 것은 피고가 이의를 제기하였고 재판부가 이를 받아들였기 때문이다. 〈뉴욕 타임스〉는 1912년 10월 16일자의 "Newspaper Suit Goes Up"라는 제목의 기사에서 이 사실을 다음과 같이 보도하고 있다.

뉴욕의 〈저널 오브 커머스 앤드 커머셜 불리틴〉이 제기한 신문 공개법에 대한 재판은 지방 법원의 판결 없이 바로 대법원으로 이첩될 것으로 보인다. 이는 이 재판의 원고인 〈저널 오브 커머스 앤드 커머셜 불리틴〉의 소장에 대해 피고 가운데 한 사람인 지방 검사 와이즈가 이의 제기를 하였고 이를 지법 판사 러니드 핸드 Learned Hand가 어제 받아들임으로써 이루어졌다. 와이즈가 주장한 논리는 자신에 대한 소장 내용 가운데 자신의 권한으로 해결할 수 있는 것이 전혀 없다는 것이었다. 그는 이 제소는 적절한 비용과 수수료만 해결하고 기각되어야 한다고 주장하였다. 와이즈는 명명백백한 사안을 제외하고는 1급심 법원이 의회가 한 일을 위헌이라고 판결할 수 없다는 것이었다. 핸드 판사는 이 주장을 받아들였으며 원고측 변호인 로버트 모리스는 즉각 항소하였다. 이로 인해 이 소송은 신속하게 최종 판결까지 갈 수 있게 될 것으로 보인다.

피고 가운데 한 사람이었던 지방 검사 와이즈가 주장한 내용은 이 사안은 지법에서 자신을 피고로 해서 다룰 성격의 사안이 아니라는 것이었다. 이 주장이 받아들여지면서 뉴욕 지법에서 시작된 신문 공개법 위헌 소송은 바로 대법원으로 넘어가게 되었다.

(2) 대법원에서의 소송

원고측의 주장

신문 공개법 위헌 소송은 대법원으로 이첩된 이후에도 신속하게 진행되었다. 1912년 10월 19일에는 신문 공개법의 위헌성을 청원하는 서면 자료가 대법원에 제출되었다. 소장에서 원고측 변호인단은 신문 공개법은 다음과 같은 이유 때문에 수정 헌법 제1조와 5조 및 10조를 위반하고 있다고 주장했다. 첫째, 언론의 자유에 대한 중대한 위협이 된다는 것이다. 둘째, 정당한 법적 절차 없이 개인의 재산권을 침해하고 그들의 재산을 아무런 보상 없이 공적 용도로 전용하려 한다는 것이다. 셋째, 우편 제도에 대한 것과 같은 성격의 규제가 적용되기 부적당한 언론에 대해 규제를 시도한다는 것이며, 이러한 권한은 헌법에 명시적이거나 함축적 의미로도 결코 허용되지 않는다는 것이다 (*NYT*, 1912. 10. 20: 16).

원고측 변호인단은 또한 "공기업들과 달리 신문사는 공중 도덕이나 공공 복리에 관한 사안이 아니라면 자신들의 사업을 스스로 규제할 권리를 지닌다"면서 "이 법의 조항들이 공공의 복리를 위해 제정되었다고 주장할 근거는 어디에서도 찾을 수 없다. 사적 기업의 경영이나 재정 상태를 안다고 해서 정부나 공중에게 아무런 도움도 되지 않는다"고 주장하였다. 이어서 변호인들은 만일 이 법이 합법적인 것으로 판결이 난다면 앞으로는 의사나 변호사 등과 같은 전문직들도 자신들의 고객 명단을 공개해야 할 것이라고 경고하였다(*NYT*, 1912. 11. 19: 5).

신문 공개법의 위헌성에 대한 대법원 재판은 1912년 11월 18일 처음으로 열렸다. 이 날 재판에서는 원고측 변호인단이 제출한 서면 자료에 대한 심리가 이루어졌으며 구두 심리는 12월 2일로 일정을 잡았다(*NYT*, 1912. 11. 19: 5).

정부측의 대응 자료

11월 28일에는 신문 공개법 재판에 대한 정부측의 입장을 담은 자료가 대법원에 제출되었다. 앞에서 살펴본 것처럼, 신문 공개법이 1차 시행에 들어갔던 1912년 10월경 우정성과 법무성은 신문 공개법에 대해 매우 소극적인 태도로 일관했다. 그러나 대통령 선거가 끝난 뒤인 이 때쯤에는 정부의 입장은 적극적으로 바뀌어 있었다. 대법원의 소송에 대해서도 행정부는 적극적인 자세로 대응해 갔다.

대법원에 제출된 이 자료는 법무 차관 윌리엄 마셜 불리트 William Marshall Bullitt가 작성했다. 자료를 통해 불리트 차관은 신문 공개법이 "수정 헌법 제1조에 위배되거나 언론 자유를 억압하는 것이 아니며, 수정 헌법 제11조에서 주 정부에 부여된 권한을 침해하는 것도 아니다"라고 주장하였다. "법 조항을 잘 읽어 보면 규정된 사항을 지키지 않았을 경우 제2종 우편 요금 혜택에서 배제한다는 것"이라면서 제2종 우편 요금 혜택을 이용하려는 신문을 대상으로 하는 것이지 우편 이용 전반을 규제하려는 것은 아니라고 밝혔다. 그리고 돈을 받고 쓴 기사에 대해 '광고'라고 표지를 달도록 한 것도 언론 자유를 침해하는 것이라고 생각하지 않는다는 견해를 피력하였다.

불리트 차관은 또한 우편 제도와 관련해서 의회가 적용 대상을 정하고 배제시키며 요건을 정할 권한이 있다는 것은 많은 판례를 통해서 확인할 수 있다고 지적하면서 이러한 권한은 "의회는 우체국과 우편 도로를 설치할 권한을 갖는다"고 정한 헌법의 제1조 8항에 근거한다고 주장하였다. 정부측 자료에 의하면 제1종 우편물 사업으로 해마다 7000만 달러의 흑자를 기록하지만 이는 제2종 우편물에서 발생하는 적자를 보전하는 데 사용되고 있다는 것이다. 우편을 이용하는 사람들은 누구나 요금을 비싸게 물고 있으며, 이를 바탕으로 발행인들이 요금 혜택을 누릴 수 있다는 말이다. 9000만의 국민들이 3만 명의 발행인들을 위해 비용을 부담하고 있다는 것이다.

일부 국민의 이익을 위해 나머지 국민이 그만큼 비용을 더 지불하고 있다는 것은 의회가 발행인들에게 혜택을 주기 위해 일반 국민들을 차별하는 것이라 할 수 있다. 불리트는 이러한 점을 지적하면서 "의회가 그런 권한을 가지고 있다면 마찬가지로 등급 구분을 변경할 권한도 가질 수 있는 게 아닌가? 발행인들이 특정 등급에 속할 권리를 가지고 있는 것은 아니다"라고 주장하고 있다. 이처럼 의회가 일반 국민들을 차별할 수 있는 것은 헌법상의 뒷받침이 있기에 가능했던 것이다. 의회가 이것을 할 수 있다면 똑같은 논리로 그 등급 분류를 바꿀 수도 있으며, 제2종 우편물의 자격 요건을 첨부할 수도 있다는 것이 정부측의 입장이었다(*NYT*, 1912. 11. 29: 6).

자료에서 불리트 차관은 "언론의 자유란 언론을 발행하고 배포할 권리만을 말하는 것이지 특정 우편 요금을 이용할 권리까지 포함하는 것은 아니다"라고 말하면서 다음과 같이 신문 공개법에 대한 입장을 정리하였다(*Editor & Publisher*, 1912. 11. 30: 1).

신문 공개법은 무언가 새로운 것을 하도록 하는 것이 아니라 의회가 조건을 달거나 혹은 조건 없이 전적으로 승인 혹은 거부할 수 있는 권리를 집행하는 데 조건을 추가로 요구하는 것일 뿐이므로 적합한 법적 절차 없이 자유나 재산을 구속하는 것이라 볼 수 없다. 이 법은 시민들의 사적인 일을 공개하도록 하거나 지면을 통해 이를 세상에 알리게 하는 것이 아니다. 단지 특정 혜택을 보기 위해서는 무언가를 공개해야 한다고 규정하고 있을 뿐이다. 이에 따르고 안 따르고는 각 발행인의 선택이다.

요컨대, 신문 공개법이 언론의 자유를 침해한다고 볼 아무런 이유가 없다는 말이다.

1912년 12월 2일부터 신문 공개법의 위헌성에 대한 대법원 심리가 시작되었다. 재판에서 원고측 변호인으로 나온 로버트 모리스는 모두 진술을 통해 신문들의 반대 입장을 강력하게 개진하였다. 그는 불리트 법무 차관이 서면을 통해 제출한 법 해석에 반론을 제기하였다. 이 법은 단지 제2종 우편물에 관한 사항일 뿐이라는 불리트 차관의 진술에 대해 뉴욕의 변호인들은 법 조항을 자세히 읽어 보면 규정을 따르지 않는 신문에 대해 우편 제도의 혜택을 배제한다고 했지 제2종 우편물의 혜택에서 배제한다고 표현되어 있지는 않다고 반박하였다. 그러면서 지난 9월 위커샴 법무 장관이 히치콕에게 보냈던 의견에도 똑같은 언급이 있다고 덧붙였다(*NYT*, 1912. 12. 3: 4).

이상에서 살펴본 바와 같이 언론 자유에 대한 침해 여부를 둘러싸고 언론사측과 정부측이 치열한 법정 공방을 벌였다.

(3) 대법원의 판결

대법원의 합헌 판결

치열한 법정 공방 끝에 대법원은 마침내 판결을 내렸다. 1913년 6월 10일 대법원은 만장 일치로 신문 공개법에는 위헌적 요소가 없다고 판결하였다. 대법원장이 낭독한 판결 요지에 따르면 간행물들로 하여금 값싼 요금에 우편 제도를 이용할 수 있도록 한 것은 권리라기보다는 특권에 해당되는 것으로 의회가 부여한 것이기에 의회는 이의 집행에 필요한 요건을 정할 수 있다는 것이다. 따라서, 원고가 주장한 위헌성에 대해 대법원은 위헌 요소가 없다고 결론을 내린 것이다. 이 법의 처벌 규정을 우편 제도 자체에서가 아니라 제2종 우편물의 혜택에서 배제시키는 것으로 본 것이다(*NYT*, 1913. 6. 11: 3).

언론에 대한 규제는 오로지 제2종 우편물에 해당되는 간행물에만 적용된다는 불리트 법무 차관의 주장을 받아들여 대법원장 화이트는 "이 문제가 그렇게 규정된다면 해결은 어려울 것이 없다"고 말하였다. "일반 대중이 제2종 우편물 비용의 상당 부분을 담당하고 있으며, 이 간행물들은 이 특권을 이용하여 막강한 사회적 영향력을 행사하기 때문에, 언론을 누가 소유하고 통제하는지를 대중들이 알아야 한다는 것은 정당한 것일 뿐만 아니라 바람직하다"고 화이트는 말했다. 대법원의 이 판결은 언론의 경영에 대해 연방이 통제하도록 한 최초의 사례가 된다(Lawson, 1993: 89~90). 이렇게 하여 언론에 주어지는 우편 요금상의 특혜를 매개로 하여 언론사 경영에 연방 정부가 규제를 가하는 법적 근거가 마련된 것이다.

대법원 판결에 대한 언론계의 반응

이 대법원의 판결로 신문 공개법의 법적 지위는 최종적으로 확보되었다. 이러한 대법원 판결에 대해 언론계는 즉각 유감을 표명하였다. 〈뉴욕 타임스〉는 대법원 판결 소식을 보도한 그 날짜 칼럼에서 자신들은 이 법에 따라 "경영 자료나 발행 부수를 공개하여도 하등 거리낄 것이 없으며, 위장 광고는 아예 받지 않았기 때문에 아무런 문제가 없다. 하지만 이 신문 공개법이 악법이며 해로운 법이라는 생각에는 변함이 없다. 신문 공개법은 누구에게도 이득이 안 되면서 신문에 심각한 타격을 줄 것"이라고 평하였다.

이어서 "우리의 존경하는 대법원 판사들이 신문 공개법의 합헌성을 뒷받침해 준 이번의 판결을 언젠가는 후회하리라는 생각을 떨쳐 버릴 수 없다"고 함으로써 이 법의 타당성을 뒷받침해 준 대법원에 대해 유감을 표명하면서 "유권자들이 의원을 뽑는 수준이 향상되기만 한다면 이 법은 곧 폐기될 것"이라고 덧붙였다(*NYT*, 1913. 6. 11: 8). 신문 공개법에 대해 변함 없는 반대 의사를 표명한 것이라 평가할 수 있겠다.

업계의 유감 표명에도 불구하고 대법원 판결은 신문 공개법의 법적 지위를 확고하게 해 주었다. 신문 공개법은 준비 기간을 거쳐 1914년부터 본격적인 시행에 들어갔으며, 그 해 10월 1일까지 각 언론사들은 자료를 제출하고 10월 3일자 지면부터 법이 요구하는 사항을 반영했다(*Editor & Publisher*, 1914. 10. 10: 326). 이처럼 대법원의 판결은 언론 상업화의 폐해를 규제하려는 연방 정부와 이를 언론 자유에 대한 침해라고 주장하며 반대한 언론계 사이의 대립에서 연방 정부의 손을 들어 줌으로써 신문 공개법이 정착될 수 있는 계기를 마련했다.

3) 법 개정 및 폐지 움직임

(1) 맥컴버 상원 의원의 폐지안

신문 공개법의 위헌성을 둘러싼 법정 소송이 벌어지는 다른 한편으로는 의회를 통해서 신문 공개법을 폐지하거나 수정하려는 시도가 이루어졌다. 〈뉴욕 타임스〉 1912년 12월 6일자는 맥컴버 상원 의원에 의해 신문 공개법의 폐지를 골자로 하는 법안이 제출되었음을 보도하고 있다. 이 기사에서 〈뉴욕 타임스〉는 "문제는 이 법의 폐지뿐만 이 아니라 언론 자유를 제약하는 어떠한 시도도 있어서는 안 된다는 점"이라고 자신의 반대 입장을 다시 한 번 강조하고 있다. 맥컴버 의 원은 "이 법은 시골의 소규모 신문들로서는 지키기도 힘든 끔찍한 법 이다"라고 말하며, 신문 공개법에 대한 폐지안을 제출하게 된 배경을 다음과 같이 설명하였다(*Printer's Ink*, 1912. 12. 12: 76~7).

지난 회기 말미에 서둘러 신문 공개법을 처리하고 고향으로 돌아가 자, 노스 다코타의 여기저기에서 비난이 쏟아져 들어왔다. 그 지역의 간행물 대부분은 주간 신문과 소규모 일간지들이다. 이 간행물들은 발행 부수 공개 조항에 대해서는 그다지 반대가 심하지 않았지만 소 유권을 공개하도록 한 조항에 대해서는 거부감이 심했다. 소규모 신 문사들은 부채가 많았기 때문에 이를 공개하기를 꺼려 했던 것이다. 또한 광고라는 표지를 달도록 한 조항에 대해서도 반대가 많았다.

그는 워싱턴에 돌아오자마자 작업에 착수하여 회기가 시작되 자 바로 이 폐지안을 제출하였다는 것이다.

(2) 하원의 수정안들

하원에서는 뉴욕의 헨리 S. 드포레스트 Henry S. DeForest 의원과 모트 의원에 의해 신문 공개법을 수정하자는 법안이 각기 제출되었다. 이 가운데 모트가 제출한 수정안의 주요 내용을 보면, 주식을 5% 이하 소유한 자는 공개 대상에서 제외하도록 하였으며, 종교지나 다른 간 행물들도 예외 없이 적용하게 하였다. 부채 내역은 공개 대상에서 제 외하였으며 발행 부수 공개 조항도 폐지하였다. 그러나 가장 많은 반발을 샀던 '광고' 표지 조항은 그대로 남겨 두었다. 모트는 제안 설명에서 "나는 성급하게 제정되어 문제점 투성이던 신문 공개법에서 좋은 내용들만 남겼다"고 말했다(*Editor & Publisher*, 1912. 12. 21: 1).

한편 펜실베이니아 존스타운의 하원 의원 당선자이며 〈존스타운 데모크라트 *Johnstown Democrat*〉의 소유자이자 편집자였던 W. W. 베일리 W. W. Bailey도 "신문업계는 다른 어떤 분야보다도 경쟁이 치열하다. 경쟁만이 언론을 규제할 수 있는 궁극적인 요인"이라면서 "이번 회기 중에 이 법이 대폭 수정되거나 대법원에 의해 폐기되지 않으면 내가 의회에 가는 대로 신문 공개법의 폐지를 위해 투쟁하겠다"고 선언하였다(*Editor & Publisher*, 1913. 2. 8: 1).

이처럼 상하 양원에서 거의 동시에 신문 공개법 폐지를 위한 법안이 제출된 것은 우연의 일치였다고 한다. 〈프린터스 잉크〉(1912. 12. 12: 76)는 이러한 사실을 지적하면서 이는 이 법에 대한 반대 여론이 그만큼 광범위하게 존재하고 있음을 보여 준다고 논평하였다.

법 개정을 위한 움직임은 대법원 확정 판결 이후에도 이루어졌다. 〈뉴욕 타임스〉가 1914년 1월 31일자 6면의 "Bill to Repeal Press Law"라는 제목으로 보도한 바에 따르면 펜실베이니아의 하원 의원 햄프턴 무어가 1914년 1월 30일 신문 공개법의 수정을 위한 동의안을 제출하였다는 것이다. 그 주요 내용은 신문 공개법의 조항 중 위장 광고 관련 조항만을 남기고 나머지는 모두 삭제하는 것이었다고 한다.

(3) 최초 발의자 반하트의 반응

이처럼 신문 공개법을 개정 내지는 폐지하려는 시도들이 이루어지는 데에도 불구하고 최초 발의자였던 반하트는 여전히 자신 있는 태도를 견지하였다. 이러한 사실은 〈프린터스 잉크〉에 실린 기사를 통해 확인할 수 있다.

> 신문 공개법 폐지안이 제출되었다는 사실은 그다지 놀랄 일이 아니다. 나는 이 움직임이 성공하지 못할 것이라고 확신한다. 처음 이 법을 발의했을 때나 지금이나, 나는 이 법이 매우 바람직한 것이라고 믿어 의심치 않는다. 나 자신도 27년 동안 신문을 발행하고 있지만 신문의 배경에 어떤 인물들이 도사리고 있는지를 국민들은 알 권리가 있다고 생각한다. 여러 해 동안 언론인들은 기업 등에 대해 공개를 요구하고 폭로해 왔다. 이제는 우리 스스로가 이 약을 먹을 차례이다.
>
> 그 동안 나는 50명이 넘는 발행인들로부터 나의 입장을 지지한다는 편지를 받았다. 이 편지들 가운데 대부분은 법이 더 엄격해지기를 바란다고 말하고 있으며, 40% 정도의 간행물을 제2종 우편물에서 탈락시켜야 한다고 주장하고 있다. 나의 선거구에서도 처음에는 대부분의 신문사들이 반대하였지만 이제는 두 신문사만을 제외하고는 모두 찬성하고 있다. 이 법은 간행물의 소유 관계를 공개함으로써 언론사에 해악을 끼치기보다는 좋은 점이 훨씬 많을 것이다. 그 동안 어떤 신문의 순수성을 의심하는 사람들은 그 신문이 전기 회사 혹은 가스 회사나 영향력 있는 정치인이 소유하고 있다는 말을 퍼뜨리곤 했다. 그러나 이제는 그러한 뒷얘기들이 깨끗하게 사라질 것이다 (*Printer's Ink*, 1912. 12. 12: 79).

신문 공개법을 발의한 이후 반하트는 이 법을 지지하는 발행인들로부터 적지 않은 격려도 받았다는 사실을 알 수 있다. 시간이 지나면서 지지층이 넓어지자 반하트는 신문 공개법에 대한 자신의 입장을 흔들림 없이 견지할 수 있었던 것으로 보인다.

신문 공개법을 개정 내지는 폐지하려는 시도들도 여러 의원들에 의해 이루어졌다. 하지만 이러한 시도들은 성공을 거둘 수 없었다. 그리하여 신문 공개법은 언론계의 반대에도 불구하고 집행에 들어가게 되었던 것이다.

3. 신문 공개법의 시행

1) 히치콕 우정성 장관의 시행

(1) 1912년 10월의 1차 시행

상하 양원을 통과한 신문 공개법은 원래 1912년 10월 1일부터 시행하도록 예정되어 있었다. 앞에서도 지적한 바와 같이 시행 부서인 우정성은 당초 신문 공개법의 시행에 대해 달가워하지 않았다. 그럼에도 불구하고 이 법이 발효되기 시작한 1912년 10월 1일 일단 우정성은 신문 공개법의 시행에 들어갔다.

히치콕 장관을 필두로 한 우정성은 엄청난 양의 업무를 처리해야 했다. 우정성은 필요한 정보를 추려서 전국의 간행물들에 보내 주는 작업을 두 달 안에 마쳐야 했다. 또한 이 규제를 집행하기 위해 무엇이 바뀌었고 어떻게 해야 하는지를 각지의 우체국장들에게 시달해야 했다. 이것은 몹시 괴롭고도 힘든 일이었다고 당시 실무자들은 불평하였다.

그 해 9월 중순 우정성 장관이 보고한 바에 의하면 우편 요금 혜택을 받고 있는 간행물은 2만 8144종으로서 일간 2514종, 주간 1만 7217종, 월간 5277종, 계간 1351종 그리고 기타 1785종이었다. 이 가운데 관련 자료를 제출하지 않아도 되는 비영리 간행물은 1500여 종에 불과하였다(Lawson, 1993: 83). 나머지 2만 6000개가 넘는 언론사를 대상으로 신문 공개법을 적용해야 했기에 실무 작업이 너무 많고 번거로웠던 것이다.

(2) 우정성의 시행 준비 상황

규정에 따라 1912년 10월부터 우정성은 신문 공개법의 시행에 들어가기는 했지만 여러 가지 준비가 매우 미흡한 상태였다. 당시 시행을 앞두고 법 조항 및 시행 방침과 관련하여 발행인들의 여러 가지 문의가 우정성에 쇄도하였다. 발행인들은 이 법이 언론 자유나 기업 경영에 심각한 타격을 줄 것으로 생각하였기 때문에 불안하지 않을 수 없었다. 더구나 법 조문 자체가 모호한 내용을 여럿 포함하고 있었기 때문에 시행 기관인 우정성으로 법의 구체적 내용과 관련된 질문이 쇄도하였던 것이다.

그러나 우정성은 이러한 문의에 대해 속시원한 해답을 주지 못했다. 당시 우정성은 아직 세부 방침을 확정하지 못한 상황이었으며, 법 조문의 해석과 관련해서도 질문들의 상당수에 대해서 법무성의 유권 해석을 의뢰해 놓고 회신을 기다리는 실정이었다(*NYT*, 1912.
9. 20: 6).

(3) 1차 접수 상황

1912년 10월 1일부터 각 언론사들의 자료가 우정성에 접수되기 시작
하였다. 각 언론들은 이 접수 상황에 대해서도 관심을 가지고 보도하
였다. 〈뉴욕 타임스〉가 10월 6일자 13면에서 "Publishers Obeying Law"
라는 제목으로 보도한 바에 따르면 10월 5일 당시 8000건 이상이 우정
성에 접수되었으며, 그 날 하루만 3000건이 접수되었다는 것이다. 자
료를 제출한 이들은 대부분 중서부와 남부 지방의 간행물로서 이 법
의 전체 적용 대상 가운데 3분의 1 정도가 자료를 제출하였다고 한다.

제임스 브리트 제3 차관보의 말에 따르면, 뉴욕의 일간 신문
가운데 자료를 제출한 곳은 한 곳도 없었다는 것이다. 뉴욕의 신문들
이 자료를 제출하지 않은 것과 관련하여 이 법의 위헌성을 들어 자료
제출 거부를 표명한 신문은 없었느냐는 질문에 브리트는 그런 사례
는 없다고 대답하였다. 이를 보면 당시 신문 공개법에 대해 일간 신
문, 특히 대도시의 일간 신문들이 반대가 많았다는 사실을 확인할 수
있다.

일간 신문들이 신문 공개법에 대해 비협조적이었던 것은 상당
기간 지속되었던 것 같다. 〈에디터 앤드 퍼블리셔〉(1912. 10. 19: 2)가
보도한 바에 따르면 그 해 10월 16일 현재 전체 2만 7000여 대상 언론
사 중 2만여 건이 우정성에 접수되었다고 한다. 그 가운데 일간지는
1016개사로서 전체의 40% 정도가 접수한 것이었으며, 전체적으로는
65%의 접수율을 보였다. 이는 전체적으로 35%, 일간지는 60% 정도

가 규제에 따르지 않았다는 것을 말해 준다.

일간지의 비협조는 그 해 11월까지도 이어졌다. 〈프린터스 잉크〉(1912. 11. 21: 13)가 "Government Giving Information about Circulation Figures"라는 제목으로 보도한 바에 따르면 그 전 주까지 전체 간행물 중 83%에 달하는 2만 3500여 개 간행물이 자료를 제출하였으나 일간 신문은 전체의 76%에 해당하는 1908개사가 자료를 제출하였다고 한다. "신문이 이처럼 자료 제출 비율이 낮은 것은 유독 신문에 대해서만 발행 부수를 공개하도록 한 것에 대한 반감 때문일 것"이라고 논평하였다.

(4) 자료 미제출 언론사에 대한 조치

법 조문에 따르면 기한 내에 자료를 제출하지 않은 언론사에 대해서는 제재 조치가 뒤따라야 했다. 초기에는 규정대로 자료를 제출하지 않으면 우정성 장관이 이 사실을 해당 언론사에 통지하고 10일 후 자동으로 우편 요금 혜택에서 제외하도록(*NYT*, 1912. 9. 9: 7) 했다.

그러나 이 규정대로 집행되기는 어려운 상황이었던 것 같다. 1912년 10월 19일 현재 우정성 관계자의 말에 의하면 자료 미제출 언론사에 대해 제2종 우편 요금 혜택에서 배제한다는 공식적 통고는 히치콕 장관이 워싱턴에 돌아오는 10월 21일 이전에는 발송되지 않을 것이라고 했다는 것이다. 이 사실을 보도하면서 〈뉴욕 타임스〉는 "우정성이 앞으로 어떤 조치를 취할지는 그 관계자들도 전혀 모르는 것 같았다"고 논평하였다(*NYT*, 1912. 10. 20: 16).

(5) 〈프린터스 잉크〉의 서면 질의

시행에 들어가고 나서도 주요 개념들에 대해서 논란이 끊이지 않았다. 이에 〈프린터스 잉크〉는 이 법 조문에 포함된 모호한 개념들, 예컨대 '유료 구독자'의 개념이나 소유권 공개 대상에서 제외되는 '친목, 종교, 금주, 학술 등 기타 잡지'의 범위, 그리고 공개해야 할 채권의 범위는 어떻게 설정할 것인지 등의 내용을 우정성 제3 차관보 제임스 브리트에게 서면으로 질의하였다.

이에 대해 1912년 10월 17일자로 전달된 회신에서 브리트는 "이러한 용어들이 아직 구체적으로 규정되지 않았다. 이것이 결정되는 대로 귀사에 알려 주겠다"고 답하였다고 한다. 이는 우정성이 신문 공개법 시행의 세부적 지침들을 이 때까지도 아직 확정하지 못했다는 것을 의미한다.

그러나 바로 그 4일 뒤에 우정성의 세부 지침을 담은 서한이 〈프린터스 잉크〉사에 전달되었다. 이에 따르면 우정성은 신문 공개법의 주요 개념들을 다음과 같이 정의하고 있다(*Printer's Ink*, 1912. 10. 31: 64~5).

첫째, 회사채 소유자나 저당 및 기타 채권자란 "회사채나 저당권, 어음, 채무 증서나 다른 형태의 부채 증명이나 지불 증명을 소유하고 있는 모든 사람의 명단"을 말한다.

둘째, 지난 6개월 동안 판매 및 배포된 유료 발행 부수의 하루 평균치란 일정 기간 동안 한 부 이상을 구독하는 독자들에게 판매 혹은 배달된 부수의 호당 평균을 말한다. 부수나 기간에 대해 명확히 합의하지 않은 채 뉴스상들에게 넘겨서 판매 혹은 배포되는 부수와 광고주들에게 확인시키기 위해 배포하는 부수는 포함하지 않는다. 그러나 뉴스상들로부터 바로 대금을 받고 넘긴 부수는 그들이 어떻게 처분했는지에 상관 없이 포함한다.

셋째, 소유권 공개 조항에서 면제되는 "종교나 자선, 금주禁酒, 학술, 그리고 기타의 유사 간행물"이란, 제호에서 역사나 문학 혹은 전문 간행물임을 명백히 한 것들과 이와 비슷하거나 유사한 목적을 지닌 간행물을 말한다. 또한 그 내용면에서도 전적으로 종교나 자선, 금주, 학술 혹은 기타의 목적에 치중되어 있어야 면제 대상에 포함될 수 있다.

넷째, 1% 이상의 주식이나 채권을 소유한 자의 명단과 주소를 밝히도록 한 조항에서 명의가 신탁된 경우에는 수탁자뿐만 아니라 원 소유자의 이름과 주소를 반드시 밝혀야 한다.

다섯째, 돈이나 기타의 보상을 받고 쓴 기사에 '광고'라고 표지를 달도록 한 것은 그 특성상 처벌 조항에 해당되기 때문에 그 저촉 여부는 법원에서 판결할 것이다. 그러나 나의 견해로는 기사를 실어 주는 대가로 발행인이 값어치 있는 무엇인가를 받은 모든 경우를 포함해야 한다고 생각한다. 책이나 공연 티켓의 경우도 값어치가 있는 것이기에, 신간 안내나 공연 평을 실어 주는 대가로 받았다면 '광고'라는 표지를 달아야 할 것이다.

위의 내용을 보면 그 동안 논란이 되었던 세부 조항들의 해석과 관련하여 우정성이 법무성의 견해를 비롯한 여러 가지 논의를 참고하여 정리했음을 알 수 있다. 그러나 이처럼 세부 지침을 정리했다 해도 실제 집행 과정에서 다양한 사례들과 관련하여 혼란을 불러일으킬 여지는 여전히 남아 있었다.

이처럼 신문 공개법이 불투명한 상태로 시행되다가 10월 중순 재판에 돌입하면서 그 시행이 일단 정지되었다. 이것은 법무성과 우정성이 법의 시행을 중지하는 데 합의하였기 때문이다. 한편 그 외에도 여러 의원들이 우정성에 보낸 서한을 통해 이 법의 집행은 다음해 4월까지는 유보해야 한다고 주장한 일도 있었다고 한다(*NYT*, 1912. 10. 6: 13).

2) 벌리슨 우정성 장관의 시행

(1) 신문 공개법 강행

1913년 3월 텍사스의 전 민주당 하원 의원 앨버트 벌리슨이 우드로 윌슨 대통령 행정부의 새 우정성 장관으로 취임하자 우정성은 더 이상 머뭇거리지 않았다. 다른 민주당 의원들과 마찬가지로 벌리슨도 이 법에 찬성하였을 뿐만 아니라 소유권 공개 조항을 더욱 강화하자는 주장을 펼치기도 하였다. 따라서, 벌리슨이 취임하자마자 우정성이 신문 공개법의 시행에 적극 나선 것은 전혀 이상할 것이 없었다.

3월 초 뉴욕 시 우체국장이 위헌 소송의 당사자인 〈저널 오브 커머스 앤드 커머셜 불리틴〉에 법의 요구에 즉각 따르지 않으면 요금 혜택을 받지 못할 수도 있다고 통지한 데서부터 이러한 정책 변화는 가시화되기 시작하였다. 벌리슨은 대법원의 판결이 달리 나오기 전까지는 이 법을 집행하는 것이 자신의 의무라고 선언하였다는 것이다(Lawson, 1993: 84).

실제로 신임 벌리슨 우정성 장관은 사법부의 제재가 없으면 바로 신문 공개법의 집행에 들어가려 했다. 〈뉴욕 타임스〉는 1913년 3월 13일자 2면에 실린 "Last Call to Newspapers"라는 제목의 기사에서 대법원이 우정성 장관 벌리슨을 제지하지 않는다면 그는 바로 신문 공개법 집행에 들어가겠다고 말했다는 것이다. 이어서 "법에 규정된 자료를 10일 이내에 제출하지 않으면 우편을 이용하지 못하리라는 최후 통지가 많은 발행인들에게 전달되었다. 전체 대상 언론사의 91% 정도가 자료를 제출하였으며 미제출사들은 대부분 뉴욕, 보스턴, 필라델피아, 시카고, 세인트루이스의 일간 신문들이라고 한다"고 벌리슨의 말을 인용 · 보도하였다.

　　여기서 말하는 91%란 1912년 10월 초 신문 공개법이 1차 시행에 들어갔을 때 자료를 제출했던 비율을 말하는 것 같다. 자료를 제출하지 않은 미제출사들에게 당시에는 별다른 제재 조치가 취해지지 않았지만 신임 우정성 장관은 이들 언론사에 최후 통첩을 하고는 규정된 대로 제재 조치를 가하려고 시도했던 것이다.

(2) 신문 공개법 집행 정지 가처분 신청

우정성이 신문 공개법의 시행을 강행하려 하자 언론계는 즉각 반발하고 나섰다. 특히, 신문 공개법 위헌 재판의 원고인 언론사들의 변호인단은 법적인 대응책을 강구하였다. 1913년 3월 11일 〈저널 오브 커머스 앤드 커머셜 불리틴〉의 고문 변호사 로버트 모리스는 우정성 장관 벌리슨이 신문 공개법을 바로 시행하려 하는 것을 중지시켜 달라고 대법원에 요청하였다.

　　이 요청은 1912년 10월 법무성과 우정성의 법률 고문들이 대법원 확정 판결이 날 때까지 이 법의 시행을 보류하자고 합의했던 사실에 기초한 것이라고 주장하였다. 모리스에 따르면 1913년 3월 4일 뉴욕 우체국장이 〈저널 오브 커머스 앤드 커머셜 불리틴〉에 통지하기를 신문 공개법에 규정된 자료를 즉각 제출하지 않으면 처벌에 착수하겠다고 했으며, 이러한 서한이 전국 각지의 다른 신문에도 전달되었다는 것이다. 또한 모리스는 우정 장관 벌리슨이 자신에게 3월 11일까지 자료를 제출하지 않으면 우편 이용 자격을 배제하는 등 처벌하겠다고 말했다고 주장하였다.

대법원은 모리스의 이러한 문제 제기에 대해 검토에 들어갔다. 법무 차관 불리트는 모리스의 신청 내용 가운데 일부는 동의할 수 없다고 반박하였다. 그가 기억하기로는 당분간 법의 시행을 보류하자는 데 비공식적으로 합의했을 뿐 대법원 판결 전까지라고 구체적으로 합의했던 것은 아니라는 것이다(*NYT*, 1913. 3. 12: 2).

〈에디터 앤드 퍼블리셔〉도 1913년 3월 15일자 1면의 "To Enforce the Law"라는 제목의 기사에서 이 문제에 대해 자세하게 보도하였다. 관련 기사를 인용해 보면 다음과 같다.

> 새로 임명된 우정성 장관이 대법원 판결을 기다리지 않고 즉각 신문 공개법의 시행에 들어가리라는 사실을 전해 듣고 신문사 관계자들은 대경 실색하지 않을 수 없었다. 이 소식을 전해 들은 미국 신문 발행인 협회측 변호인들은 즉각 대법원으로 달려가서 집행 정지 가처분 신청을 하였다. 법원은 현재 이를 검토중인 것으로 알려졌다. 변호인들은 지난 10월 법무성과 우정성이 대법원 판결 전까지는 이 법의 시행을 유보한다고 합의했던 사실을 법원에 상기시켰다. 이 합의에 유일한 전제 조건은 신문 공개법이 합헌이라는 뉴욕 연방 법원의 판결이 나오면 〈저널 오브 커머스 앤드 커머셜 불리틴〉이 지체 없이 바로 상고한

다는 것이었으며, 이 전제는 지켜졌다고 변호인들은 주장하였다.

신문 공개법이 시행에 착수한다는 통지가 3월 4일 전달되었다. 모리스 변호사는 대법원에 서면으로 제출한 자료에서 우정성 장관 벌리슨으로부터 이 법을 전면 시행하겠다고 한 것을 들었다고 주장하였다. 또한 3월 11일까지 법이 요구하는 자료를 제출하지 않은 언론사들에게는 10일 이내에 앞으로 우편 혜택을 받지 못하게 될 것이라고 통지하고, 그 기한 내에도 자료를 제출하지 않은 언론사들은 우편을 통한 배포를 하지 못하게 하겠다고 말했다는 것이다. 모리스는 이어서 자신이 뉴욕 법원에 이 법의 집행을 대법원 판결까지는 정지시켜 달라고 청구하지 않았던 것은 이 합의를 믿었기 때문이라고 진술하였다.

반면 법무성 차관 불리트가 비공식적으로 밝힌 바에 따르면 자신은 이 법의 시행을 '상당 기간' 유보하기로 합의했던 것이지 대법원 판결 때까지 유보한다고 합의했던 적은 없다는 것이다. 전국 일간지 91%가 자료를 제출한 것으로 알려졌다. 한편 대법원은 이 가처분 신청에 대해 다음 월요일에 판결할 것으로 알려졌다.

이 내용을 보면 1912년 10월에 신문 공개법의 시행을 일시 중지하자는 데는 합의하고 있음을 알 수 있다. 다만 그 중지가 그냥 일시적이었는지, 아니면 대법원에서 판결이 날 때까지 중지하자는 것이었는지에 대해 쌍방의 주장이 서로 달랐던 것이다. 하지만 우정성 장관의 반박에도 불구하고 대법원은 1913년 3월 20일 이 가처분 신청을 받아들였다(*Editor & Publisher*, 1913. 3. 22: 1). 이로써 신문 공개법의 시행은 대법원 판결 때까지 미루어졌다.

3) 대법원 판결 이후의 시행과 문제점

대법원의 확정 판결로 우정성은 신문 공개법의 시행에 들어갈 수 있게 되었다. 그러나 우정성은 대법원 판결 이후에도 여전히 내부 방침이 확정되지 않는 등 적지 않은 혼란과 시행 착오를 겪었다. 이 때에도 우정성에는 법 집행과 관련하여 언론계로부터 수많은 문의가 쇄도하였다. 그러나 제3차관보 도커리에 의하면 우정성의 내부 방침은 그 때까지도 확정되지 않았기 때문에 이러한 질문들에 명쾌하게 답변하기가 어려웠으며 주무 부서의 이러한 상황은 법 집행에 여러 가지 혼란을 초래하는 중대 요인이 되었다고 한다.

하지만 이 때 우정성은 초기의 회의적이고 소극적인 태도에서 벗어나 엄격하게 법 집행에 임하려는 적극적인 자세를 갖추고 있었다. 〈프린터스 잉크〉는 당시 우정성의 분위기를 "전반적으로 전임자 브리트 때보다는 엄격하게 집행이 이루어지리라고 전망한다"고 보도했다(*Printer's Ink*, 1913. 7. 17: 63).

그러나 신문 공개법이 시행에 들어감으로써 미국 신문 시장이 일거에 부조리를 일소하고 시장 질서를 바로잡았던 것은 아니다. 이 법이 시행에 들어가면서 예상하지 못했던 문제들이 발생하며 적지 않은 시행 착오를 겪었다. 지금부터는 신문 공개법의 시행 과정에서 나타난 문제들과 이 문제들이 극복되는 과정에 대해 살펴보고자 한다.

(1) 시행상의 혼란

대법원 확정 판결 이후에도 법의 내용과 해석, 그 시행 방침 등에 대해 발행인들로부터 수많은 문의가 쏟아지면서 우정성에는 혼란이 빚어졌다. 그 문의는 크게 나누면 발행 부수 개념에 관한 문제, 돈을 받은 기사의 해당 범위를 어떻게 설정할 것인지의 문제, 그리고 우정성이 수집한 각 일간지들의 발행 부수 자료를 이용할 수 있는지의 여부에 관한 것들이 주종을 이루었다.

발행 부수 개념을 둘러싼 혼란

대법원 판결 이후에도 무엇을 발행 부수에 포함하느냐는 계속 문제가 되었다. 발행인들의 질문이 쇄도하자 우정성 제3차관보 도커리는 미국 신문 발행인 협회의 제2종 우편물 위원회 회장 돈 C. 사이츠 Don. C. Seitz 에게 신문 공개법 조항의 몇 가지 내용을 보다 자세히 설명하였다. 그 가운데 발행 부수에 관한 답변을 보면, 지난 6개월 동안 발행한 부수를 산술적으로 평균한 것이 아니라 정규 요금으로 배포되는 부수를 평균한 것을 말한다고 하였다. 법 조항을 자세히 읽어 보면 혼동의 여지가 별로 없음에도 불구하고 우편을 이용하지 않고 배포되는 신문 부수를 포함하는 것인지에 대해 적지 않은 혼란이 있었던 것이 사실이다. 실제로 이에 대해 구분이 안 되어 있기도 했다(NYT, 1913. 11. 22: 6).

그 몇 달 뒤 법무 장관 J. C. 맥레이놀즈 J. C. Mcreynolds 는 우정성 장관 벌리슨에게 신문 공개법의 조항 중 발행 부수에 관한 해석이 담긴 의견서를 전달하였다. 이 의견서는 전국의 2554개 일간지에 배포될 예정이었다. 이 의견서에서 법무 장관은 "발행 부수란 가판대에서 판매되었거나 통신사나 기타 뉴스상들을 통해서 혹은 그 밖의 어떤 수단을 통해서도 판매된 모든 부수를 포함한다"고 밝혔다. 통신사나 뉴스상들이 돈을 내고 산 부수도 포함하며, 개인이 정기 구독하거나 혹은 구매한 것들도 유료 구독자 수에 포함한다고 밝혔다(NYT,

1914. 1. 11: 11). 정부의 입장을 정리하는 데 적지 않게 어려움을 겪었음을 알 수 있다.

일요판을 따로 발행하는 미국 신문계의 관행도 발행 부수 공개에 혼란을 가져오는 한 요인이 되었다. 이에 대한 지침이 사전에 마련되지 않아 일부 발행인들은 주일판과 일요판의 발행 부수를 따로 산정하였으나 또 다른 일부는 이를 합산하여 평균을 산출함으로써 혼란을 초래했던 것이다. 광고주들은 주일판과 일요판의 발행 부수를 따로 알고 싶어했다(*Editor & Publisher*, 1914. 10. 10: 326).

발행 부수와 관련해서 우정성에 적지 않은 불만이 접수되었다. 대부분은 경쟁 관계에서 비롯된 것들이었는데, 경쟁지가 거짓된 발행 부수 자료를 제시했다는 것이다. 그러나 이들은 증거를 제시하지 못했다(Lawson, 1993: 134).

위장 광고 개념을 둘러싼 혼란

법 조항의 해석과 관련된 문제는 여기에 그치지 않았다. 위장 광고에 대해서 돈을 받았다는 것 *paid*의 범위를 어떻게 설정할 것인지에 관한 문의들이 많았다. 돈 받은 것의 범위에 대한 문의는 예컨대, 언론사의 자사 광고, 캠페인, 서평 같은 것들을 광고에 포함시키느냐 하는 문제들이었다. 만화도 여기에 포함되는지에 관한 문의도 있었다고 한다. 만화는 '읽을거리'가 아니라 '볼거리'라고 생각했기 때문이다(*Printer's Ink*, 1913. 7. 17: 63~4).

이 혼란을 해소하기 위해 우정성은 수차례 관련 자료를 발간해야 했다. 이 기준에 의하면 가장 중요한 것은 해당 품목의 생산자나 판매자의 이익을 위한 것은 광고로 간주하여 표지를 달아야 한다는 것이다.

그렇다면 새로운 상품이나 발명품의 경우는 어떻게 할 것인가? 이것들은 뉴스 가치가 있는 것 아닌가? 이를 위해 우정성은 1920년 가을 새로운 기준을 발표했다. 즉, 새로운 상품에 관해 보도할 때 같은 호에 그 제조업자나 판매자의 광고가 같이 실리지 않는 한 이는 광고로 보지 않는다는 것이다. 그러나 관련 광고가 실린 때에는 기사로 실린 내용도 광고로 간주한다는 것이다(Lawson, 1993: 119~20). 이는 유료 광고를 주는 대신 기사로 다루어 줄 것을 요청하는 관행이 많았기 때문으로 해석할 수 있겠다.

가장 빈도가 높은 질문은 브루클린의 한 신문 발행인이 문의한 내용, 즉 무료로 보내 준 책을 보고 쓰는 서평의 경우도 '광고'라는 표지를 달아야 하는지에 대한 것이었다. 여기에 많은 사람들의 관심이 집중되었다. 이 문의에 대한 우정성의 답변은 책을 보내 준 것이 기사로 다루어 주는 것에 대한 보답의 성격을 지닌다면 마찬가지로 이 조항의 적용을 받는다는 것이었다(NYT, 1912. 9. 20: 6).

위장 광고 조항의 집행과 관련해서도 적지 않은 불만 사항이 접수되었다. 이 불만 사항들도 주로 업계의 경쟁 관계에서 비롯된 것들이 많다고 한다. 다시 말해, 어느 언론사가 이 규정을 어겼다는 것을 경쟁 관계에 있는 다른 언론사가 우정성에 신고하였다는 말이다.

불만 사항이 접수되면 우정성은 그 기사가 뉴스 가치가 있는지를 검토해야 했다. 뉴스 가치가 있다고 판단되면 이는 뉴스나 논설로 간주되고, 그렇지 않다고 판단되면 이는 '광고'라는 표지를 붙여야 했다. 그러나 이 뉴스 가치를 판단하는 작업이 쉽지 않았으며 때로는 우정성으로서는 불가능하기도 했다. 아이러니컬하게도 때로는 그 판단이 해당 기사의 발행인에게 위임되기도 했다. 따라서 이 조항을 제대로 이행했는지의 여부에 대해 해당 언론의 발행인이 최종 권한을 갖는 우스운 모양이 되고 말았다(Lawson, 1993: 117~8).

소유권 공개와 관련된 문제

1912년 1차 시행 당시 신문 공개법의 집행을 책임지고 있는 우정성 제3차관보 제임스 브리트에 의하면 소유주의 명단을 공개할 때, 수탁자의 이름이 있으면 이를 수정하여 위탁자의 이름을 공개하도록 할 방침이라고 하였다. 그 해 10월 4일까지 우정성에 접수된 5000여 건 중에 일간지는 50건 정도였는데 이 가운데 상당수는 수탁자의 이름만을 포함하고 있었다고 한다. 그러나 이들에 대해 구체적으로 어떤 방식으로 조치할지는 아직 정해지지 않았던 것 같다. 당시 브리트는 접수된 내용을 세밀히 검토할 예정이라고만 밝혔다(NYT, 1912. 10. 5: 24).

소유권 공개 문제와 관련해서 〈프린터스 잉크〉는 채권자를 공개하는 것의 문제점도 지적하였다. 즉, 시골과 중소 도시의 신문들은 채권자 공개를 발행 부수 공개보다 더욱 꺼렸다. 이러한 사실은 채권자 본인들에 의해 신문사의 채권자 명단 중 누락된 것이 있다고 신고된 사례가 상당수 있었다는 사실로 확인할 수 있었다(Printer's Ink, 1914. 12. 24: 54).

조지 셀데스는 소유권 공개 조항에도 불구하고 이를 여전히 은폐할 수 있었던 이유를 두 가지로 제시하였다. 첫째, 법 조항이 부채 내역을 공개하도록 하지 않았기 때문이라는 것이다. 신문 공개법은 1% 이상의 채권자 이름을 공개하도록 규정하고 있을 뿐이며, 그 채권

내역에 대해서는 아무런 규정이 없다. 이 때문에 부채율이 높은 많은 신문들도 그 내역을 공개하지 않았다. 이로써 채권을 통해 영향력을 행사하는 경우가 전혀 밝혀지지 않았던 것이다.

둘째, 소유주와 주주의 이름을 공개하도록 하였지만 일반인들로서는 그가 어떤 사람인지를 알 수 없는 경우가 태반이었다는 것이다. 예컨대 A. K. 로커트 A. K. Lockert 라는 사람이 금융 재벌 모건의 이해를 대변하는 사람이라든가 하워드 퓨 J. Howard Pew가 과거 선 오일사의 사장이었다는 사실 등을 일반인들은 대부분 모르고 있었던 것이다. 따라서 소유권자의 이름을 공개해도 사실상 그것이 누구의 이해 관계를 대변하는 것인지 잘 모르는 경우가 많다는 말이다.

이는 1930년대 〈타임 매거진 Time Magazine〉 독자들에 의해 쟁점이 되기도 했다. 1935년 타임사는 1% 이상의 주식을 소유하고 있는 주주 명단을 게재하였다. 독자들 사이에는 이 사람들이 모건의 사람들이라는 유언비어가 퍼져 나갔다. 수많은 편지가 회사로 쇄도하여 1937년 타임사는 회사의 주식 소유 상황에 대해 해명해야 했으며, 그 다음 해에는 소유주 명단에 J. P. Morgan & Co.라는 회사를 추가해야 했다는 것이다(Lawson, 1993: 102).

자료의 공개 문제

전국의 간행물들이 우정성에 제출한 자료 가운데 특히 발행 부수 자료를 이용할 수 있는지 여부에 관해서도 많은 논란이 있었다. 광고주들이나 광고 대행업자들의 입장에서는 우정성이 이 자료를 공개해 주고 이용할 수 있도록 해 주기를 원했다. 그러나 우정성은 이 문제에 대해 부정적인 입장이었다. 〈프린터스 잉크〉(1912. 11. 21: 13)가 보도한 "Government Giving Information about Circulation Figures"라는 제목의
기사에 의하면 한 광고주가 우정성에 접수된 일간지 발행 부수 자료
의 열람을 요청하였으나 거절당하였다고 한다. 그 광고주는 며칠 뒤
몇 개의 특정 신문사 발행 부수 자료를 요청하자 이번에는 바로 얻을
수 있었다는 것이다. 이 문제에 대한 우정성의 당시 방침은 이러했다.
특정 혹은 몇 개 신문에 대해서는 자료를 제공하지만 그 범위가 많을
때는 거부한다는 것이다.

발행 부수 자료의 이용에 관해서 우정성 제3 차관보 도커리는
다음과 같이 밝혔다.

> 전국의 거의 모든 광고 대행사들이 전국 주요 일간지의 전부 혹은 상
> 당수의 발행 부수 자료를 요청하였다. 그러나 이 문제는 논란의 여지
> 가 없다. 우리가 자료를 제공한다면, 어느 한 사람에게만 할 수는 없
> 고 전부에게 똑같이 해야 한다. 그러려면 아마도 100여 명의 인력이
> 추가로 필요해질 것이다. 이 문제와 관련한 우정성의 입장은 특정 신
> 문의 발행 부수를 알고 싶으면 그 신문에 문의하라는 것이다. 그 신문
> 은 신문 공개법에 따라 이러한 요청에 응하도록 되어 있다(*Printer's
> Ink*, 1913. 7. 17: 64).

인력 부족을 이유로 들어 발행 부수 자료를 공개하기 어렵다
는 사실을 밝히고 있다. 자료 요청에 우정성이 일일이 답변해 줄 수
없자 일부 광고주들은 개별적으로 워싱턴을 방문하기 시작하였다고
한다. 이에 우정성은 모든 문의는 서면으로 하도록 규제하고 나섰다.
또한 해당 신문사에 직접 문의하도록 촉구하였다.

어느 우편 공무원은 "우리가 발행 부수 자료를 알려 줄 때마다

그 신문은 한 부 팔릴 기회를 잃게 되는 것"이라고 말했다. 다시 말해 어느 신문의 발행 부수를 알고 싶으면 그 신문을 직접 사서 보고 확인하라는 것이다. 광고주로서는 막상 그 신문을 보고 찾으려 해도 쉬운 일이 아니었다. 신문들은 이 정보를 지면 아무데나 배치했기 때문이다. 광고주들은 이러한 자료 요청을 가능하게 하고, 신문들이 동일한 위치에 자료를 배치하도록 법을 개정하려 로비하였으나 성공을 거두지 못하였다.

자료를 이용할 수 없는 데 대해서는 광고주뿐만 아니라 발행인들도 불만이었다. 그들은 자기 신문이 업계에서 어느 정도 위치인지를 확인하고 싶어했다. 그러나 이것이 여의치 않자 발행인들도 불만을 갖게 되었던 것이다(Lawson, 1993: 133).

이처럼 발행 부수 자료의 공개와 이용이 혼선을 빚으면서 관심사로 부상하자 〈에디터 앤드 퍼블리셔〉는 각 발행인들을 대상으로 지면을 통해 〈에디터 앤드 퍼블리셔〉 지면에 발행 부수를 광고하라고 권유하기 시작하였다. 1회 광고 요금이 25달러라고 제시하면서 발행 부수를 광고하면 광고주들이 이를 보고 광고 여부를 판단하게 되리라는 것이었다(*Editor & Publisher*, 1914. 10. 10: 326). 이에 따라 일부 신문들은 〈에디터 앤드 퍼블리셔〉의 지면을 통해 자신들의 발행 부수 내역을 자세히 광고하기도 하였다. 예컨대 1917년 4월 14일자를 보면 〈보스턴 데일리 선데이 글로브 *Boston Daily Sunday Globe*〉가 자사의 발행 부수를 광고하고 있다.

이러한 광고와는 별도로 〈에디터 앤드 퍼블리셔〉는 신문 공개법 시행에 따라 제출된 발행 부수 자료를 우정성이 공개하지 않자 이 자료를 수집하는 일에 나섰다. 각 신문사에 서한을 보내 자료를 제공할 것을 요청하였다. 그리하여 1915년 4월 3일자 지면(pp.880~92)을 보면 전국 일간지들의 발행 부수 자료가 도표로 제시되어 있다.

제재의 부재

신문 공개법을 시행하면서 겪은 가장 큰 어려움은 규정을 위반한 사람에 대한 제재가 제대로 이루어지지 못했다는 점이다. 예컨대 관련 자료를 제출하지 않거나 주식 소유자의 명단을 일부만 공개하고 발행 부수를 여전히 속이는 일부 발행인들에 대해 우정성은 제2종 우편물 혜택에서 제외하고 위증죄로 고발하겠다고 공언하였다. 그러나 이러한 제재 조치들은 제대로 이루어지지 못했다.

실수나 고의로 자료를 잘못 제출한 사례들은 1912년 10월의 제1차 시행 때부터 상당수 있었다. 법 시행에 들어간 직후 우정성 관료들은 상당수가 소유권 관련 조항을 위반하고 있음을 발견하였다고 한다. 법에 규정된 대로 1% 이상의 주식을 소유한 사람을 모두 공개하는 대신 이들은 한두 명의 대리인만을 공개한 사례가 많았던 것이다.

당시 기자 회견에서 히치콕 우정성 장관은 "해당되는 명단을 모두 공개해야 한다. 그렇지 않으면 이 법의 기본 정신을 무너뜨리는 보고에 대해 조치를 취할 수밖에 없다"고 밝혔다. 제3차관보 제임스 브리트도 "제출된 자료는 면밀히 검토할 것"이라고 경고하면서 완벽한 자료를 제출하지 않은 발행인들은 다시 자료를 제출하거나 그렇지 않으면 우편 요금 혜택을 받지 못할 것이라고 말하였다. 그러나 그 직후 장관은 이 법의 시행을 대법원 판결 이후로 연기하였다. 이로 인해 1차 시행 때에도 제재는 제대로 이루어지지 못했다.

이러한 상황은 대법원 판결 이후 시행 과정에서도 마찬가지였다. 이 때에도 일부 발행인들은 소유권과 관련해서 개인 투자자들을 제외하고 일부의 명단만 밝히는 관행을 되풀이하였던 것이다. 예컨대 〈뉴욕 아메리칸 New York American〉은 발행인과 소유주, 법인 주주 명단만을 공개하였다고 한다. 우정성은 이에 대해 의회의 목적과 의도를 심각하게 훼손하는 행위라 규정하고 주주 명단을 제대로 공개할 것을 지시하면서 이를 어길 경우 우편 요금 혜택에서 제외하겠다고 통보하였다. 이 규정을 위반한 발행인들은 우편 요금 혜택에서 배제될 뿐만 아니라 위증 혐의로 고발될 위기에 직면한 것처럼 보였다. 그러나 실제로 고발된 사례는 없었다(Lawson, 1993: 100~1). 다시 말해 우정성이 엄포를 놓기는 했지만 실제로 법 규정을 위반한 데 대한 효과적인 제재가 이루어지지는 못했던 것이다.

당시 신문 공개법에 의해 수집된 신문들의 발행 부수 자료를 모으려고 많은 시간을 소비했던 한 저명한 광고인은 우정성이 자료를 확인하려고 하지 않는 데 대해 실망스럽다고 말했다. 이어서 그는 "우정성은 법을 위반한 자를 처벌하고 '평균 유료 부수'라는 개념을 단일하게 규정하여 표준화된 수치를 만들어 내기 위해 인력을 배치해야 할 것이다. 일부 발행인들은 주저하지 않고 자기 마음대로 산출한 발행 부수를 낸다. 그래도 별다른 문제가 없다는 것을 알기 때문이다. 또 어떤 발행인들은 일간지에서는 극히 일부에 불과한 우편 배포 부수만을 제출하는 등 진실된 정보를 외면함으로써 법의 취지를 무색하게 만들기도 한다"고 비판하였다. 그는 이어서 재무성의 소득세법 시행과 비교하였다.

재무성은 각 사업장에서 2500달러 이상의 소득자들을 신고하도록 되어 있는 소득세법을 시행함에 있어, 수많은 인력을 배치하여 신고 내용을 일일이 조사 · 확인하여 누락된 사례를 철저히 찾아 냈다. 그리하여 상당수가 감옥에까지 가게 되었으며 더 많은 사람들이 벌금형을 받게 되었다. 발행인 중에 감옥에 간 사람이 있다는 이야기를 들어 보지 못했다. 그러나 이 사실이 곧 모든 신고 내용이 사실임을 말해 주는 것은 결코 아니다. 단지 우정성이 어느 것이 사실이고 거짓인지를 가려 내는 노력을 하지 않았다는 것만을 말해 줄 뿐이다 (*Printer's Ink*, 1914. 12. 24: 52).

재무성이 소득세를 실사할 때의 방법을 도입하자는 주장에 대해 〈프린터스 잉크〉(1914. 3. 19: 112)는 비현실적이라고 평가하였다. "이러한 작업을 위해서는 조사관 250명 정도가 필요하다. 이들을 주 30달러 정도의 비용으로 환산하면 연간 50만 달러 정도의 추가 비용이 소요된다. 정직한 발행인과 광고주들의 이익을 위해 국민들이 이러한 추가 비용을 부담해야 하겠는가"라는 것이었다. 〈프린터스 잉크〉는 이어서 그보다는 스스로 해결책을 찾자고 제안하였다. 다시 말해 자율적인 기구를 만들어 발행 부수를 감사하자는 것이었다.

우정성이 제대로 제재를 가하지 않는 것에 대해 일부 발행인들과 광고주들의 불만이 매우 높았다. 1915년 미국 신문 발행인 협회 총회에서 회장 허버트 L. 브리지맨 Herbert L. Bridgman은 발행 부수 자료를 감사하려 하지 않는 우정성의 완고한 태도에 강한 불만을 표시하였다. 참석자들은 법 집행을 더욱 엄격히 하고 처벌을 강화할 다양한 방안에 대해 논의하였다 (Lawson, 1993: 134).

자료 공개 불이행이나 불성실 이행자에 대한 제재 문제에 관한 우정성의 입장은 한 광고 대행사의 문의에 대해 제3차관보 도커리가 사인해서 보낸 다음과 같은 회신에서 잘 드러난다.

자료 자체가 부정확한 것으로 보이거나 혹은 다른 증거들에 의해 자료가 부정확 또는 잘못된 것으로 보일 때에는 사실을 확인하기 위한 조사를 한다는 것이 우리의 변함 없는 원칙입니다. 이 조사는 특정 사례에서 사실 관계를 확인하기 위한 작업입니다. 만일 당신이 특정 언론사의 소유권·경영·발행 부수의 제출 자료가 잘못되었다는 증거를 가지고 있다면 우정성에 제출해 주시기 바랍니다. 그러면 적절한 조치를 취하도록 하겠습니다. 자료의 일관성*uniformity*에 대해서는, 모든 자료들은 우정성이 배포한 소정 양식에 따라 작성되어야 하며 법에 규정된 자료가 누락되거나 작성 과정에서 변경, 개조되었을 때에는 자료를 다시 제출하도록 요청할 것입니다(*Printer's Ink*, 1914. 12. 24: 55).

이에 대해 〈에디터 앤드 퍼블리셔〉(1914. 10. 10: 326)는 비공식적 정보원의 말을 인용하면서 "우정성 장관이나 법무 장관 모두 의지는 있지만 보다 중요한 다른 일들 때문에 제대로 조치를 취하지 못하고 있다"고 논평하였다. 우정성을 압박했던 다른 일들이란, 일상적인 것 외에도 1차 대전이 발발하여 이 기간 중 외국어 간행물들의 보도 태도와 같은 문제처럼 대중들의 관심이 집중된 일을 말하는 것이었다. 많은 사람들은 미국에서 발행되는 독일어 신문 중에는 독일에 우호적인 인사들이 비밀리에 소유하고 있거나 후원하는 사례가 많다고 믿고 있었으며, 이 신문들이 미국의 전쟁 수행에 유해한 논조를 보여 주고 있다고 생각하였다(Lawson, 1993: 101). 이처럼 우정성은 시급을 다투는 다른 문제들이 많았기 때문에 언론사 공개 자료의 검증을 하지 못했다는 것이다.

신문 공개법을 위반한 데 대한 처벌이 엄격히 적용되지 않자 개혁주의자들은 실망을 금할 수 없었다. 많은 비평가들은 혁신의 시대에 만들어진 다른 법들과 마찬가지로 신문 공개법도 원래의 의도에는 훨씬 못 미친다고 비판하였다. 이 법이 시행되고 나서도 국민들은 어느 신문이 어떤 사람들에 의해 소유되고 통제되는지 여전히 알 수가 없다는 것이었다(Lawson, 1993: 101~2).

그런 와중에 1917년에는 발행 부수를 속인 발행인에게 유죄를 선고하는 법원의 판결이 나왔다. 〈에디터 앤드 퍼블리셔〉의 지면을 통해 이러한 사실을 확인할 수 있다. 1917년 4월 21일자(p.14)를 보면 다음과 같은 내용이 게재되어 있다.

> 지난 4월 5일 노스캐롤라이나 주 윌슨의 연방 법원에서는 〈골즈보로 헤드라이트 *Goldsboro Headlight*〉(주간지)의 편집인인 로스카우어에 대한 재판이 열렸다. 그는 발행 부수를 속여 광고주들로부터 부당한 이익을 취했다는 죄 때문이었다. 그 지역 우체국장에 따르면 그 신문의 실제 발행 부수는 933~50부 정도인데도 6800부라고 속였다는 것이다. 판사는 이에 대해 유죄 판결을 내려 200달러의 벌금을 언도하였다.
>
> 이 판결은 신문 공개법에 따른 것은 아니다. 신문 공개법은 주간지에 대해서는 발행 부수 공개를 요구하지 않는다. 하지만 이 사례는 발행인들이 발행 부수를 속이면 유죄 판결을 받을 수 있다는 매우 흥미로운 사례가 될 것이다.

위의 보도 내용을 통해 알 수 있는 바와 같이 이는 신문 공개법에 근거한 판례는 아니다. 신문 공개법상 발행 부수 공개 대상은 일간지에 한했기 때문이다. 하지만 이는 발행 부수를 속인 발행인에게 유죄가 선고된 최초의 사례로서 매우 중요한 의미를 지닌다.

1920년에도 언론사의 소유권 공개와 관련하여 기소된 사례가 발생하였다. 인디애나폴리스에서 신문을 발행하던 들레반 스미스Delevan Smith의 사례다. 스미스는 위증 혐의로 유죄 판결을 받고 제2종 우편물 요금 혜택에서 배제되었다. 그러나 그에게 적용되었던 것은 신문 공개법이 아니라 위증을 규정한 형법 제28조였다(Lawson, 1993: 101).

(2) 언론계의 인식 변화

그러나 이러한 시행 착오에도 불구하고 신문 공개법이 정착될 수 있었던 보다 큰 요인은 언론계의 인식 변화였다. 초기에는 언론계가 이 법에 대해 강력하게 반대하였지만 이 법이 대법원 확정 판결을 거쳐 시행에 들어가면서부터는 언론사들도 이 법이 언론계 전체를 위해서 긍정적인 효과를 가져다 줄 것으로 믿게 되었다. 그래서 대부분의 언론사들이 이 법의 요구 사항에 아무런 저항 없이 따르게 되었던 것이다(*Editor & Publisher*, 1914. 10. 10: 326).

초기에는 신문 공개법에 대해 반대하였던 〈에디터 앤드 퍼블리셔〉도 나중에는 태도를 바꾸었다. 이러한 사실은 지면을 통해서도 확인된다. 1914년 7월 4일자 36면에 실린 "Advertising Agents for Bourne Law"라는 제목의 기사를 보면 "전국 신문의 광고 책임자들이나 광고 대행업자들은 신문의 발행 부수를 공개하도록 한 신문 공개법이 시행되어야 한다는 〈에디터 앤드 퍼블리셔〉의 입장을 지지하고 있다. 이러한 내용을 담은 서한이 〈에디터 앤드 퍼블리셔〉사에 답지하고 있다"고 보도하면서 "신문이 발행 부수를 공개하는 것은 야채상이나 푸줏간에서 채소나 고기를 팔면서 무게를 달아서 파는 것과 똑같은 이치"라고 한 케이프하트 매크넌 메소드사의 사장 찰스 케이프하트의 발언도 소개하고 있다.

그러면 구체적으로 어떠한 배경에서 언론계의 인식이 바뀌게 되었는지를 살펴보기로 하자.

소유권 공개에 대한 인식 변화

소유권 공개는 언론사들이 가장 꺼려했으며 가장 반대가 심했던 것 가운데 하나였다. 그러나 대법원 판결 이후 언론사들은 이에 대한 인식이 바뀌기 시작하였다. 즉, 1913년 6월 대법원이 이 법의 합헌성을 판결하자 언론계는 대부분 소유권 규제를 찬성하는 것이 홍보 효과를 갖는 것으로 생각하게 되었다. 이 조항에 계속 반대하는 입장을 고수한다는 것은 그 소유와 관련해서 무언가 의혹이 있기 때문인 것으로 인식될 우려가 컸기 때문이다. 이 법의 지지자들이 계속 주장해 왔던 바와 같이 정직한 발행인이라면 자신의 언론사의 소유자를 밝히지 못할 이유가 없었던 것이다. 실제로 〈뉴욕 타임스〉는 1913년 6월 11일자 8면에 실린 "The Newspaper Publicity Law"라는 제목의 기사를 통해 "우리는 감출 것이 아무것도 없기 때문에 공개한다"고 천명하였다.

이처럼 언론사들의 인식이 바뀌자 미국 신문 발행인 협회조차도 판결 후 1년쯤 뒤에는 규제의 열렬한 지지자가 되었다. 1914년의 연례 총회에서는 이 조항을 더욱 엄격히 적용해 달라는 결의문을 채택하였다(Lawson, 1993: 99).

이와 같이 언론사들이 소유권을 밝히지 않는 것이 오히려 손해가 된다는 인식이 생겨나면서 소유권 공개에 대한 반대가 누그러졌다. 그러나 이러한 변화가 곧 모든 언론사들이 사실 그대로 소유권을 밝히게 되었다는 것을 의미하지는 않는다. 앞에서도 논한 바와 같이 소유권을 사실과 다르게 공개한 사례도 여전히 남아 있었던 것이다.

광고 표지에 대한 인식 변화

위장 광고 조항과 관련해서 업계의 인식이 변화되었다는 것은 '광고'라고 표지를 달도록 한 것이 한편으로는 신문 발행인들에게도 유리하게 작용했기 때문이다. 신문 공개법이 제정될 즈음 위장 광고의 폐해에 대한 비판이 거세지자 슬며시 고개를 들기 시작했던 것이 합법적인 형태로 기사거리를 제공해 주는 퍼블리시티 *Publicity*였다. 자신들이 제공하는 내용이 뉴스 가치가 있는 것이라 주장하거나 광고면을 따로 사 주면서 이에 대한 반대 급부로 편집자들을 설득하여 기사로 다루어 줄 것을 요구했던 것이다.

이러한 퍼블리시티가 번져 나가자 1916년 미국 신문 발행인 협회는 이처럼 지면을 제공하는 행위를 하지 말자는 캠페인을 전개할 정도였다(Lawson, 1993: 104). 발행인들로서는 기업들의 공짜 지면 요구를 거절하는 데 신문 공개법의 이 조항이 좋은 구실이 되었다 (*Printer's Ink*, 1916. 7. 13: 73). 발행인들은 공짜 퍼블리시티를 요구하는 광고주들에게 "나는 당신을 위해 해 주고 싶지만 할 수 없다. 내가 당신의 부탁을 들어 줌으로써 우리 간행물이 위험에 빠지는 것을 당신도 원하지는 않을 것이다"라고 말하곤 했다는 것이다(Lawson, 1993: 117).

1920년대 중반이 되면서 공짜 퍼블리시티의 관행은 얼마간 줄

어들었다. 일부 기업인과 발행인들은 우정성과 신문 공개법이 효과를 본 것이라고 평가하였다. 그러나 퍼블리시티는 더욱 교묘해졌다. 기업이나 단체들은 정치적 견해나 기업 정책을 홍보하기 위해 신문의 사설란을 탐내기 시작하였다. 때로는 이를 위해 과거처럼 돈을 지불하기도 하였다. '준비된 사설 *canned editorial*'이 바로 그것이다. 이 관행은 그 이후에도 뿌리 깊게 남았다(Lawson, 1993: 120~1).

아무튼 위장 광고에 표지를 달도록 한 조항이 발행인들로 하여금 공짜 퍼블리시티를 거절하는 좋은 명분이 되자 발행인들이 이 조항을 적극 활용하기 시작하면서 이에 대한 반대가 수그러들었던 것이다.

발행 부수 공개에 대한 인식 변화

한편 발행 부수와 관련해서도 발행인들은 신문 공개법이 자신들에게 유리하게 작용한다는 생각을 갖기 시작하였다. 이는 신문 공개법의 요구 사항에 따라 발행 부수를 공개하는 것이 곧 연방 정부가 자신들의 자료를 보증한다는 것을 의미했기 때문이다. 실제 신문사들이 발행 부수를 우정성에 제출하였지만 우정성이 이를 일일이 확인할 수 없다는 사실이 밝혀지자 일부 발행인들은 이러한 제도의 맹점을 악용하였다. 다시 말해 여기서도 거짓 자료를 공개한 사람들이 있었다는 말이다.

정직한 발행인들은 이에 대해 각 신문사가 제출한 발행 부수 자료를 감사해 줄 것을 우정성에 요청했지만, 앞에서도 논한 바와 같이 우정성으로서는 이를 실행할 여력이 없었기에 만족할 만한 방책을 제시할 수 없었다. 업계에서는 자구책의 일환으로 1914년 정직한 발행인들과 광고주들이 중심이 되어 발행 부수 공사 기관(ABC)을 새로이 출범시키게 되었다(Lawson, 1993: 143~4).

이처럼 시행 착오를 겪으면서 업계의 인식도 바뀌어 신문 공개법이 정착되자 대다수 신문들은 법이 규정한 대로 소유권을 공개하고 위장 광고에 표지를 달았다. 이처럼 발행 부수에 대한 공사 제도가 실시됨으로써 미국의 언론 시장은 점차 그 부조리를 줄여 가면서 질서를 확립할 수 있었다.

4) ABC의 출범

(1) ABC의 결성 배경

일부 발행인들이 신문 공개법의 맹점을 악용하는 데에도 불구하고 우정성이 이를 제대로 규제하지 못하자 광고주들과 일부 발행인들은 자율적으로 해결책을 모색하기 시작하였다. 표준화된 방식으로 발행 부수를 조사하는 기구를 창설하려는 움직임이 나타났던 것이다. 이것이 바로 미국 발행 부수 공사 기구의 역사적인 출발점이 되었다.

이러한 움직임이 처음 태동한 것은 신문 공개법에 대한 대법원 확정 판결이 나오기 전부터였던 것 같다. 1913년 2월경부터 움직임이 구체화되었다. 이와 같은 사실은 〈프린터스 잉크〉의 보도(1913. 2. 20: 92~3)를 통해 확인할 수 있다. 〈프린터스 잉크〉는 미국의 전국 광고 관리자 협회(Association of National Advertising Managers)의 일부 회원들이 발행 부수 감사의 어려움과 비용을 고려하여 신문과 잡지의 발행 부수를 감사할 새로운 기구를 창설할 것을 고려하고 있다고 보도하면서, 발행 부수 공사 제도가 시행되려면 다음과 같은 문제들이 해결되어야 한다고 주장하였다.

(1) 감사란 무엇을 하는 것인가?
(2) 누가 감사할 것인가?
(3) 발행 부수란 무엇인가?
(4) 일년에 몇 차례나 감사할 것인가?

이 문제에 관해 〈프린터스 잉크〉는 다음과 같이 나름대로 방향을 제시하고 있다.

(1) 감사는 전문적 지식을 가진 자가 해야 한다.
(2) 무능력한 감사는 속을 수 있다.
(3) 전문적인 감사 단체들은 발행 부수 감사를 하기 꺼려 한다.
(4) 발행인들은 광고주들과 좋은 관계를 유지하는 문제와 발행 부수와 감사를 표준화하기에 노심 초사하고 있다.
(5) 현재 필요한 것은 관련자 모두가 수긍할 만한 발행 부수 공사 기구를 만드는 것이다.

위의 인용 기사를 통해 전국 광고 관리자 협회가 중심이 되어 발행 부수 공사 기구를 준비하기 시작하였음을 알 수 있다. 이처럼 대법원 확정 판결 이전부터 광고업계와 일부 발행인들이 ABC를 결성하려 했던 것은 1912년 10월의 제1차 시행 때부터 우정성이 제출된 자료에 대한 실사 작업을 하지 못하고 위반한 자에 대한 규제도 제대로 이루어지지 않자 업계 스스로 자구책을 마련하기 시작했던 것으로 볼 수 있겠다.

〈프린터스 잉크〉는 이어서 1913년 4월 3일자의 지면 (p.20) 을 통해서도 발행 부수 공사 기구에 대한 당사의 공식적인 입장을 밝혔다. 즉, "발행 부수 감사는 바람직하다. 다만 그 감사자가 능력이 있고 인쇄 매체업에 대해 잘 알고 있는 사람이라야 한다. 그가 만일 이러한 지식을 가지고 있지 못하다면 그는 정직하지 못한 발행인들로부터 쉽게 속을 것이며, 이럴 경우 '감사' 란 단지 면죄부를 발행하는 것일 뿐이며, 광고주들에게는 실제보다 더 많은 발행 부수를 믿게 만들어 상황을 더욱 악화시킬 뿐"이라는 것이다.

미국 광고주 협회도 이러한 움직임에 대해 긍정적인 생각을 가지고 있었다. 이 협회 회장인 버트 모지스는 〈프린터스 잉크〉(1913. 4. 3: 20~7)에 투고한 "How the AAA conducts its Circulation Audits"라는 제목의 글에서 미국 광고주 협회의 활동 내역을 소개하면서 "본 단체가 그 동안 발행 부수 문제와 관련해서 많은 노력을 기울여 왔지만 이제는 이 문제와 관련 있는 여러 단체를 포괄하는 새로운 단체를 만들어야 한다"고 주장하였다.

신문 공개법의 시행 과정에서 나타난 문제들이 아니었다 해도 정확한 발행 부수 자료를 알고자 하는 광고주들의 욕구는 이전부터 존재했다. 더욱이 광고주들은 전체 발행 부수의 규모뿐만 아니라 구독자층의 인구학적 속성까지 포함하는 자세한 자료를 원하고 있었다. 1911년 아메리칸 멀티그래프 세일즈사 American Multigraph Sales Company의 광고 담당 매니저이면서 전국 광고 관리자 협회의 발행 부수 위원회 위원장인 팀 드리프트 Tim Thrift는 "광고주들은 이제 발행 부수가 많다는 것에만 만족하지는 않는다. 광고주들이 필요로 하

는 것은 그 독자층의 질이다. 그들이 어떤 직업을 가졌고 어느 정도
의 교육을 받았으며 어떤 환경에 살고 있는지, 어느 정도의 구매력을
가지고 있는지 등에 관한 정보를 필요로 한다"고 주장했다(*Printer's
Ink*, 1911. 6. 15: 59~61).

　　이처럼 자본주의 발전과 함께 시장 속에서의 경쟁이 더욱 치
열해지면서 보다 정교한 마케팅의 개발 욕구가 높아지고 이에 따라
정확한 발행 부수와 독자 집단의 속성에 관한 정보의 필요성이 점차
높아지는 가운데 신문 공개법의 시행이 여러 가지 문제에 봉착하게
되자 이를 계기로 ABC가 태동하게 된 것이다.

(2) ABC의 출범

이러한 맥락 속에서 1913년 4월 2일에는 전국의 다양한 관련업계 종사
자들이 전국 광고 관리자 협회의 회장 L. C. 맥체스니 L. C. McChesney 의
요청에 의해 뉴욕에서 모임을 개최하였다. 이 모임은 발행 부수 공사
의 문제를 다각도로 논의해 보고 발행인과 광고주들 모두에게 만족을
주고 현재의 무질서한 상황을 바로잡을 수 있는 단일안이 실현될 수
없는 것인지를 논의해 보려는 목적을 지니고 있었다.

　　이 날 참석한 단체는 미국 신문 발행인 협회, 뉴욕 광고 대행
업 협회 (Association of New York Advertising Agents), 농촌 언론 협회 (Farm
Press Association), 전국 광고 관리자 협회, 홍보 실무 협회 (Technical
Publicity Association), 미국 광고 연합 클럽 (Associated Advertising Clubs of
America), 전문 신문 연맹 (Federation of Trade Press Associations) 등 관련 단
체들이 총망라되었다. 전국 광고주 협회 회장과 잡지 발행인 협회
(Peoriodical Publishers Association) 회장만이 개인 사정으로 불참하였다.

이 날 모임에서는 다음 번 회합 때까지 실무 위원회를 구성하여 안을 만들기로 하고, 그 위원회의 구성을 홍보 실무 협회 회장인 O.C.한 O.C.Harn에게 맡기기로 결정하였다 (*Printer's Ink*, 1913. 4. 10: 102~4).

이 날의 모임이 바로 미국 발행 부수 공사 기구가 태동하게 되는 역사적인 출발점이 되었다. 〈프린터스 잉크〉는 1913년 6월 5일 (p.62) 자에 실린 "A Plan to Standardize Circulation Audits"라는 제목의 기사를 통해 이러한 움직임을 다음과 같이 보도하였다.

표준화된 발행 부수 공사를 실시하는 상설 기구가 곧 출범할 전망이다. 이는 광고업계의 3주체라 할 수 있는 광고주와 발행인, 광고 대행업자들의 합의에 따라 추진되고 있다. 이 일은 원래 미국 광고 관리자 협회가 주동이 되어 시작된 것으로서 관련 단체들이 이에 참여함으로써 업계 전체로 확대된 것이다.

광고계의 3주체가 모여 발행 부수 공사를 실시하는 상설 기구를 만들려 한다는 것이다. ABC의 결성이 시도되고 있음을 알리는 것이다.

당초 발행 부수 공사를 위한 새 단체의 이름은 잠정적으로 광고 감사 협회 (Advertising Audit Association) 로 결정되었다고 한다. 회장은 미국 냉각기 회사의 사장을 맡고 있던 루이스 부르치 Louis Bruch 가 맡기로 하였다. 새 기구의 사무 총장 *general manager* 으로 내정된 러셀 휘트맨 Russell Whitman 은 이 조직의 목적에 대해 다음과 같이 말하였다 (*Printer's Ink*, 1913. 12. 18: 12~3).

첫째, 신문과 잡지, 주간지, 농촌 신문, 업계 전문지의 정확하고도 공정하며 진정한 발행 부수 자료를 광고주들에게 제공하고, 둘째, 발행인들에게는 노력과 경비를 절감시켜 주며, 셋째, 해마다 통계 자료를 집대성하여 발간한다는 것이다.

(3) ABC 결성에 대한 논란

ABC가 출범하는 것에 대해 반대 의견이 전혀 없었던 것은 아니다. ABC가 활동을 시작하면서 ABC와 신문 공개법을 통한 우정성의 규제 역할은 여러 측면에서 비교가 되었다. ABC를 지지하는 사람들은 신문 공개법은 이제 불필요하고 비효율적이기 때문에 폐지되어야 한다고 주장하였다. 반면 신문 공개법 지지자들은 또 다른 감사 기구를 만드는 것보다는 신문 공개법의 집행을 보다 엄격히 할 방법을 찾는 게 효율적이라고 주장하였다.

〈메일 오더 저널 *Mail Order Journal*〉이 대표적인 예이다. 이 저널은 신문 공개법을 폐지하는 데 반대한다는 입장을 사설을 통해 천명하였다. 즉, "신문 공개법이 모호하고 개선의 여지가 많다고는 하더라도 그것이 폐지되어야 할 충분한 이유가 되지는 않는다"면서 "빵 반 조각이라도 그나마 없는 것보다 나은 것처럼 소유권이나 경영, 발행 부수에 대해 조금이라도 밝힐 수 있다면 그렇지 않은 것보다 나은 것"이라고 주장하였다.

또한 보다 나은 해결책은 이 법의 집행을 강화하는 것이라고 주장하면서 "모든 간행물을 적용 대상에 포함시키도록 하며, 발행 부수 등의 자료를 구석진 곳에 처박아 놓아 독자와 광고주들이 그냥 지나치게 하지 말고 이를 제1면에 게재하도록 바꾸어야 한다"고 주장하였다 (Lawson, 1993: 135~6).

출범을 둘러싸고 논란이 없었던 것은 아니지만, 1914년 정식으로 ABC가 출범하게 되었다. 이로써 미국의 언론 시장은 발행 부수 공개와 관련해서 표준화된 기준을 가지고 감사를 실시함으로써 새로운 전기를 맞게 되었다.

이상에서 살펴본 바와 같이 미국에서 언론들의 발행 부수 속이기 관행을 바로잡게 된 것은 신문 공개법에 의해서라기보다는 ABC 제도에 의해서였다고 할 수 있다. 에머리와 에머리(Emery & Emery, 1988: 220)도 발행 부수 속이기의 관행이 시정된 것은 1914년 ABC가 출범한 이후의 일이라고 평가한다.

그러나 신문 공개법이 없었다면 ABC 제도 또한 없었다 해도 과언이 아닐 것이다. 윌리엄 손 William Thorn도 자신의 저서에서 1912년의 신문 공개법은 발행인들로 하여금 발행 부수 감사에 협조하도록 만드는 절대적인 요인이 되었다고 평가하였다(Thorn, 1987: 62). 그만큼 신문 공개법은 미국에서 ABC 제도가 성립하는 데 결정적 요인이 되었던 것으로 평가할 수 있겠다.

신문왕 허스트의 야심을 풍자한 〈하퍼스 위클리〉(1906. 10. 27)의 만평.
허스트가 백악관까지 꿈꾸었던 것으로 묘사하고 있다.

5장 미국 개혁에 대한 역사적 평가

지금까지 20세기 초 미국의 언론 개혁을 1912년의 신문 공개법을 중심으로 살펴보았다. 미국의 언론 개혁은 '진실에 대한 국민들의 알 권리'를 앞세운 개혁 세력과 '언론 자유'를 앞세워 기존의 이익을 방어하려던 언론계가 대립했던 것이라고 규정할 수 있다. 이 대립에서 대법원이 개혁 세력의 손을 들어 줌으로써 미국의 언론은 시장 질서를 바로잡아 나갈 계기를 만들 수 있었다. 이 과정에서 나타난 특징을 몇 가지로 요약할 수 있겠다.

첫째는 언론의 상업화로 나타난 여러 가지 부조리를 개혁하는 데 연방 의회와 정부가 주도적 역할을 하였다는 점이다. 신문 공개법이 제정·시행됨으로써 부조리로 점철된 어지러운 시장 질서를 바로잡는 결정적 계기가 마련되었던 것이다. 이는 혁신의 시대라 일컬어지는 당시 상황 속에서 연방 정부가 언론뿐만 아니라 여러 분야의 사회 개혁에 주도적 역할을 하던 맥락에서 이루어졌다. 건국 이후 오랫동안 자유 방임적 입장을 견지해 왔던 미국의 정치 권력이 이 시기에는 개혁에 대한 사회적 욕구가 고조되어 가는 상황에서 전면에 나서 각 부문의 부조리를 개혁하는 데 앞장섰던 것이며, 그 일환으로 언론에 대해서도 규제에 나섰던 것이다.

그러나 여기서 중요하게 짚고 넘어갈 점은 정치 권력이 언론 규제에 나섰다고 하더라도 언론의 내용이나 경영에 대해 직접 규제를 가한 것은 아니었다는 점이다. 신문 공개법에 대한 논란 과정에서도 가장 쟁점이 되었던 것은 언론 자유에 대한 침해냐 아니냐 하는 것이었다. 이에 대해 대법원이 신문 공개법을 합헌으로 판결할 수 있었던 것은 이 법이 언론에 대한 직접적 규제가 아니라 우편 요금 할인이라는 언론에 대한 특혜를 대상으로 한 규제였기 때문이다.

두 번째로 지적할 수 있는 것은 언론 시장을 개혁하는 데 정치 권력의 개입이 가능했고 또 성공적으로 개혁이 이루어질 수 있었던 것은 개혁에 대한 사회적 기반이 있었기 때문이라는 점이다. 본론에서도 논한 바와 같이 노동자와 농민을 중심으로 19세기 후반부터 개혁을 위한 움직임이 구체화되기 시작하였으며, 20세기에 들어와서는 중산층들도 개혁을 바라는 사회적 기반이 있었기에 가능했던 것으로 분석할 수 있겠다.

언론 문제에 국한시켜 보더라도, 언론의 폐해에 대해 독자들도 불만을 느끼고 비판적으로 인식하고 있었기에 이러한 개혁이 가능했다. 당시 독자들의 언론에 대한 비판적 인식이 고조되었다는 점은 당시의 잡지들을 중심으로 언론 비평이 활발하게 전개되었다는 사실로부터도 확인할 수 있다. 이러한 사회적 기반을 바탕으로 해서 개혁주의자들은 언론 시장 질서를 바로잡은 개혁을 추진할 수 있었던 것이다.

세 번째로는 업계 내의 경쟁 관계가 중요한 역할을 하였다는 점을 지적할 수 있겠다. 앞에서도 논한 바와 같이 상업화로 인한 여러 가지 폐해가 만연된 가운데서도 양심을 지키며 신문을 발행하던 업자들도 있었다. 발행 부수를 있는 그대로 발표하거나 돈을 받고 기사를 쓰는 관행을 거부하는 소수의 발행인들이 존재했던 것이다. 이들은 다른 언론들의 부조리한 관행 때문에 앉아서 손해를 보게 되자 자발적으로 나서서 자정을 위한 노력을 전개하였다. 이 일부 발행인들은 국회 의원들에게 언론계를 정화할 강력한 입법 장치를 만들도록 촉구하기도 하였다. 이들은 정부의 규제는 언론계의 정당성을 강화시켜 줄 것이며 경쟁사들과의 부당 경쟁을 해소해 줄 것으로 생각했다. 이러한 업계 내의 경쟁 관계는 비록 자신들의 이해 관계에 기초한 것이기는 하지만 언론계의 부조리를 개혁하는 데 커다란 밑거름이 되었다.

네 번째로는 언론에 대한 특혜를 규제의 대상으로 삼았다는 점이다. 신문 공개법이 언론을 개혁하는 데 중요한 계기가 될 수 있었던 것은 바로 이 점 때문이다. 우편물 요금 혜택이라는 사안을 가지고 정치 권력이 규제를 시도하였기 때문에 언론 자유를 위축시킨다는 반대론을 잠재울 수 있었다. 아마 다른 차원에서 언론에 대한 규제를 시도했다면 연방 대법원도 정부의 손을 들어 줄 수 없었을 것이다.

마지막으로 지적할 수 있는 점은 신문 공개법이 정착하는 데에는 대법원의 판결이 중요한 계기가 되었지만, 궁극적으로는 언론계 스스로도 이 법이 자신들에게 도움이 된다고 인식했기 때문이라는 점이다. 처음에는 언론 자유를 억압하는 정부의 규제라고 반대하던 언론계도 실제 실행에 들어가자 자신들이 제공한 자료를 정부가 공인해 주는 셈이 되어 광고주와 독자들에게 신뢰도를 높일 수 있다는 점에서 이 법이 자신들의 이해 관계에 도움이 된다고 생각했던 것이다. 이러한 인식 변화를 바탕으로 언론계는 신문 공개법의 시행에서 나타난 한계를 ABC라는 자율적인 발행 부수 공사 제도를 통해 스스로 시장 질서를 확립하려 발벗고 나서게 되었다. 바로 이 점이 중요한 의미를 지닌다.

그렇다면 신문 공개법을 중심으로 전개되었던 일련의 과정들을 어떻게 평가할 수 있겠는가? 물론 본론에서도 논한 바와 같이 신문 공개법에 의해 어지러웠던 미국 언론의 시장 질서가 바로 개혁되고 해결되었던 것은 아니다. 시행 과정에서 적지 않은 시행 착오를 겪었으며 그 존재 의의를 둘러싸고 논란이 많았던 것 또한 사실이다. 당시 신문 공개법의 시행이 엄격하게 이루어지지 않자 언론 개혁을 바라던 개혁주의자들은 적잖이 실망하기도 하였다. 신문 공개법이 기대에 미치지 못했던 원인으로는 개혁주의자들이 공개라는 방법에 대해서 너무 과신했으며, 업계는 이를 자신들의 이익을 위해 교묘히 활용했고, 관료들은 새로운 책임을 맡으려 하지 않았기 때문이라고 분석할 수 있겠다.

그러나 이러한 측면만으로 신문 공개법에 대해 부정적 평가를 내릴 수는 없을 것이다. 반대로 신문 공개법에 대해 긍정적으로 평가한 사람도 적지 않았다. 우정성 장관 앨버트 벌리슨은 1919년 신문 공개법을 성공한 것으로 평가하면서 이 법으로 말미암아 대부분의 발행인들은 불공정 경쟁에서 해방될 수 있었다고 평가하였다 (Lawson, 1993: 99).

로슨도 자신의 저서에서 신문 공개법에 대해서 너무 거칠게 평가해서는 안 될 것이라고 주장하면서 신문 공개법의 의의를 다음과 같이 결론지었다.

> 신문 공개법은 언론도 역시 공개적인 감시를 받아야 한다는 것을 보여 준 중요한 선례가 된다. [……] 신문 공개법의 의미는 그것이 언론을 정화했느냐에 대한 실제적 평가에만 머물러서는 안 된다. 보다 중요한 것은 아마도 미국 역사에서 혁신의 시대에 이 법 자체와 그것의 통과를 둘러싸고 전개되었던 과정들이 기업으로서의 언론에 대한 이해를 높이고 정부와 언론 간의 복잡한 관계를 보다 잘 알 수 있게 해 주었다는 데 있을 것이다 (Lawson, 1993: 145).

신문 공개법이 실질적으로 언론 시장을 개혁하는 데에는 한계가 있었지만, 그 과정을 통해 언론에 대한 사회적 인식을 높이고 언론이 거듭나는 데 중요한 계기가 되었다는 사실은 중요한 의미를 지닌다는 평가로 받아들여도 좋을 것이다.

무릇 모든 개혁이란 상당한 시간과 고통을 요하는 법이다. 어찌 보면 혁명보다도 더 어려운 게 개혁일지도 모른다. 혁명은 폭력이나 무력과 같은 강제적 수단이 동원되지만 개혁은 그렇지 못하기 때문이다. 따라서 단기적이고 가시적인 성과만 가지고 개혁을 평가해서는 오류에 빠지기 쉽다. 장기적인 관점에서 점진적으로 이루어지는 변화들을 포착해 내고 그 의의를 평가해야 할 것이다.

여러 가지 한계에도 불구하고 미국 언론이 상업화의 부작용으로 신음하던 모습에서 벗어나는 중요한 계기를 마련한 것이 바로 신문 공개법이었다는 사실은 부인할 수 없다. 신문 공개법을 계기로 해서 언론의 부조리한 측면이 여론의 도마 위에 오르게 되었으며, 그 동안 소수자의 위치를 벗어나지 못하던 언론계 내 정직한 발행인들과 광고주들이 힘을 합쳐 보다 강력한 자구책들을 모색함으로써 전기를 마련할 수 있었던 것이다. 이러한 점에서 우리는 1912년 미국에서 신문 공개법을 둘러싸고 전개되었던 개혁 과정의 역사적 의의를 평가할 수 있을 것이다.

참고 문헌

1차 자료

37 U.S. Statutes at Large

"A Marvel of Legislation" (1912. 9. 20), *New York Times*, 10.

"A Notable Achievement" (1915. 4. 3), *Editor & Publisher*, 1.

"A Plan to Standardize Circulation Audits" (1913. 6. 5), *Printer's Ink*, 62~4.

"A Question to be Decided" (1912. 12. 6), *New York Times*, 14.

"Advertising Agents for Bourne Law" (1914. 7. 4), *Editor & Publisher*, 36.

"An Honest Circulation" (1890. 1. 29), *Printer's Ink*, 321.

"An Objectionable Law" (1912. 9. 28), *Editor & Publisher*, 10.

"Attack Postal Act" (1912. 11. 19), *New York Times*, 5.

"Auditing Circulations" (1913. 2. 20), *Printer's Ink*, 92~3.

"Barnhart Amendment" (1912. 7. 20), *Editor & Publisher*, 1.

"Beware this Amendment" (1912. 6. 22), *Editor & Publisher*, 2.

"Bill to Repeal Press Law" (1914. 1. 31), *New York Times*, 6.

"Booth Approves of Law" (1912. 9. 28), *Editor & Publisher*, 15.

"Calls Newspaper Law A Pretense" (1912. 9. 25), *New York Times*, 8.

"Calls Publicity Law Unfair to Dailies" (1912. 12. 3), *New York Times*, 4.

"Case to Test Postal Law Goes to Supreme Court" (1912. 10. 24), *Printer's Ink*, 13.

"Circulation Audits Considered at Conference" (1913. 4. 10), *Printer's Ink*, 102~4.

"Circulation Figures" (1912. 7. 27), *Editor & Publisher*, 13.

"Circulation Figures Led Him into Trouble" (1917. 4. 21), *Editor & Publisher*, 14.

"Circulation Publicity" (1913. 11. 22), *New York Times*, 6.

"Circulation Viewed from Behind the Scenes" (1911. 7. 6), *Printer's Ink*, 17~8.

"Compulsory Circulation Statements Under New Postal Law" (1912. 10. 10), *Printer's Ink*, 40~4.

"Denounces Newspaper Law" (1912. 11. 21), *New York Times*, 1.

"Efforts to Repeal Newspaper Publicity Law" (1912. 12. 12), *Printer's Ink*, 76~81.

"Government Answer" (1912. 11. 30), *Editor & Publisher*, 1.

"Government Giving Information about Circulation Figures" (1912. 11. 21), *Printer's Ink*, 13.

"How the AAA conducts its Circulation Audits" (1913. 4. 3), *Printer's Ink*, 20~7.

"How the Law was Passed" (1912. 9. 21), *New York Times*, 5.

"In Favor of New Law" (1912. 10. 5), *Editor & Publisher*, 2.

"Killed his own boom" (1912. 2. 10), *Editor & Publisher*, 1.

"Last Call to Newspapers" (1913. 3. 13), *New York Times*, 1.

"May Repeal Press Law" (1913. 2. 8), *Editor & Publisher*, 1.

"Must Name All Owners" (1912. 10. 5), *New York Times*, 24.

"New Audit Movement Would Include All Advertising Interests" (1913. 12. 18), *Printer's Ink*, 12~3, 89.

"New Publicity Law is to be Contested" (1912. 9. 13), *New York Times*, 5.

"Newspaper Law to be Enforced" (1912. 9. 9), *New York Times*, 7.

"Newspaper Law's Status" (1913. 3. 12), *New York Times*, 2.

"Newspaper Publisher's Statement" (1914. 10. 10) , *Editor & Publisher*, 326.

"Newspaper Suit Goes Up" (1912. 10. 16) , *New York Times*, 12.

"Newspaper Test New Publicity Law" (1912. 10. 10) , *New York Times*, 24.

"Official Circulation Figures of Daily Papers" (1915. 4. 3) , *Editor & Publisher*, 880~92.

"Official Interpretation of Postal Law" (1912 . 10. 31) , *Printer's Ink*, 64~5.

"Post − Office Policy as to Circulation Statements" (1913. 7. 17) , *Printer's Ink*, 63~4.

"Press Fears for Liberty" (1912. 9. 20) , *New York Times*, 6.

"Publicity and the Public Welfare" (1912. 7. 6) , *Editor & Publisher*, 12.

"Publicity Law Construed" (1914. 1. 11) , *New York Times*, 11.

"Publishers Obeying Law" (1912. 10. 06) , *New York Times*, 13.

"Publishers Object" (1912. 9. 14) , *Editor & Publisher*, 1.

"Ridicules New Postal Law" (1912. 10. 19) , *Editor & Publisher*, 3.

"Says Publicity Law Leaves Press Free" (1912. 11. 29) , *New York Times*, 6.

"Suit Started to Test Postal Law" (1912. 10. 17) , *Printer's Ink*, 50~2.

"Supreme Court Gets Newspaper Briefs" (1912. 10. 20) , *New York Times*, 16.

"The Newspaper Law" (1912. 9. 28) , *Editor & Publisher*, 10.

"The Newspaper Publicity Law" (1913. 6. 11) , *New York Times*, 8.

"Theatrical Advertising" (1890. 1. 22) , *Editor & Publisher*, 292.

"To Amend Postal Law" (1912 . 12. 21) , *Editor & Publisher*, 1.

"To Enforce the Law" (1913. 3. 15) , *Editor & Publisher*, 1.

"To Pass on Newspaper Law" (1912. 9. 24), *New York Times*, 10.

"To Penalize the Circulation Liar" (1912. 10. 3), *Printer's Ink*, 49~52.

"To Print Editor's Names" (1912. 5. 1), *New York Times*, 9.

"To Repeal Postal Law" (1912. 12. 7), *Editor & Publisher*, 1.

"To Test Legality of Censorship Law" (1912. 9. 21), *New York Times*, 5.

"Uncle Sam's Bureau of Circulation" (1914. 12. 24), *Printer's Ink*, 52~5.

"Uphold Newspaper Publicity Statute" (1913. 6. 11), *New York Times*, 3.

"Washington Topics" (1912. 10. 19), *Editor & Publisher*, 2.

"Washington Topics" (1913. 3. 22), *Editor & Publisher*, 1.

"Wickersham Interprets New Postal Law" (1912. 10. 10), *Printer's Ink*, 66.

"Wickersham's View" (1912. 9. 28), *Editor & Publisher*, 14.

"Wickershanm's View of Newspaper Law" (1912. 9. 27), *New York Times*, 5.

"Will Test New Law" (1912. 9. 28), *Editor & Publisher*, 1.

"Would Have Press Label News 'Adv'" (1912. 9. 19), *New York Times*, 6.

Bodenwein, Theodore (1912. 9. 21). "Protection for Advertisers." *Editor & Publisher*, 10.

Irwin, Will (1911. 5. 27). "The American Newspaper – IX. The Advertising Influence," *Collier's*, 15~25.

Moses, Bert (1911. 6. 15), "Smoking Out Hidden Circulation Figures," *Printer's Ink*, 13.

Richard, Livy S. (1912. 9. 7), "Press Freedon is Impossible." *Editor & Publisher*, 21.

Richards, Major (1890. 1. 15), "False Statements of Circulation." *Printer's Ink*, 262~3.

Webb, J. L. (1890. 1. 15), "The Fraudlent Advertisement." *Printer's Ink*, 262.

Thrift, Tim (1911. 6. 15). "Advertiser's Right to Know Character of Circulation." *Printer's Ink*, 59.

단행본 및 논문

데이비스, 케네스(1992).《미국의 역사》. 진병호 옮김. 서울: 고려원미디어;
　　Keneth Davis(1990), *Don't Know Much about History*. Avon Book.

박성수(1988).《역사적 개론》. 서울: 삼영사.

이보형(1995).《미국사 개설》. 서울: 일조각.

이주영(1988).《미국 경제사 개설》. 서울: 건국대학교 출판부.

이상철(1982).《커뮤니케이션 발달사》. 서울: 일지사.

임근수(1967).《신문 발달사》. 서울: 정음사.

임영호(2000).《신문원론》. 서울: 연암사.

주명건(1987).《미국 경제사》(개정판). 서울: 박영사.

차배근(1986). "폭로 저널리즘의 정기능과 역기능," 〈언론중재〉. 겨울호, pp.7~22.

―――(1983).《미국 신문사》. 서울: 서울대 출판부.

최웅 · 김봉중(1992).《미국의 역사: 그 맥락과 현대적 조명》. 서울: 소나무.

한국사회언론연구회(1996).《현대 사회와 매스 커뮤니케이션》. 서울: 한울.

Bagdikan, Ben H. (1990). *The Media Monopoly* (3rd ed.). Boston: Beacon Press.

Baldasty, Gerald J. (1992). *The Commercialization of News in the Nineteenth Century.* Madison: University of Wisconsin Press.

Blanchard, Margaret A. (1978). "Press Criticism and National Reform Movements: The Progressive Era and the New Deal," *Journalism History,* vol. 5, no. 2, pp.33~55.

Emery, Michael & Edwin Emery (1988). *The Press and America: An Interpretive History of the Mass Media* (6th ed.). Englewood Cliffs: Prentice Hall.

Hausman, Linda Weiner (1967). "Criticism of the Press in U. S. Periodicals, 1900~1939: An Annotated Bibliography," *Journalism Monographs,* no. 4.

Hofstadter, Richard (1963). *The Progressive Movement 1900~1915.* Englewood Cliffs: Prentice Hall.

Kielbowicz, Richard (1989). "The Media and Reform 1900~1917," David Sloan, James G. Stovall & James D. Starff, *The Media in America.* Worthington: Publishing Horizons Inc.

――― (1986). "Origins of the Second-Class Mail Category and the Business of Policymaking, 1863~1879," *Journalism Monographs,* no. 96.

Kolko, Gabriel (1967). *The Triumph of Conservatism: A Reinterpretation of American History 1900~1916.* Chicago: Quadrangle Books, Inc.

Lawson, Linda (1993). *Truth in Publishing: Federal Regulation of the Press's Business Practices.* Carbondale: Southern Illinois University Press.

Sinclair, Upton (1936). *The Brass Check: A Study of American Journalism* (rev. ed.).

Pasadena: Author.

Smythe, Ted Curtis (1986) . "'The Advertisers' War to Verify Newspaper Circulation, 1870~1914," *American Journalism*, vol. 3, no. 3, pp.167~180.

Thorn, William J. (1987) . *Newspaper Circulation: Marketing the News*. White Plains: Longman.

Thorpe, Merle (1915) . *The Coming of Newspaper*. NY: Henry Holt & Company.

Ward, Hiley H. (1997) . *Mainstreams of American Media History*. Needham Heights: Allyn & Bacon.

Press Reform in America and the Newspaper Publicity Act			
Author: Chae Baek			
Hannarae Publishing Co.	November 30th, 2001		208 pages
152 × 225 mm	9000 won	ISBN: 89 − 5566 − 002 − 2 94330	

American Newspaper had undergone the commercialization process from the mid − 1800s. The commercialization process gave rise to many changes in the business practices of American press. Some changes caused negative results to the American press. The negative results became more and more severe around the beginning of 20th century.

The purpose of this study is to analyze the negative aspects of commercialization in American press and to investigate how American society overcome the disorder of commercialized media business. The negative aspects of commercialization around the beginning of 20th century can be divided into four categories. They are 1) hidden ownership 2) bribery 3) disguised advertisement 4) circulation liars.

The Newspaper Publicity Act in 1912 was a starting point to mitigate the negative aspects of media market. The act required the publishers to disclose the facts about the ownership and their circulation. The publishers try to oppose this act in many ways. They insisted that the act violated the First Amendment. But the U. S. Supreme Court upheld the act unanimously in 1913.

I think that the negative aspects of American commercial newspaper of that time had many similarities to that of contemporary Korean press. So the historical process surrounding Newspaper Publicity Act in America seems very suggestive to the current press reform movement in Korea.